LAWDAS 21

語源に学ぶ国際弁護士のための

法律英語の使い分け辞典

DICTIONARY OF LEGAL ENGLISH ETYMOLOGY

[弁護士] 長谷川俊明 TOSHIAKI HASEGAWA

東京堂出版

はしがき

　法律英語には専門用語としての意味をもつごく身近な言葉がある。「ふつうの」を表す common が「共有地, 入会権」を, the Commons が「下院議員」をそれぞれ意味するのはその典型例である。
　なぜこうした特別の意味になるのか, さらには英米法をなぜ common law というかは, 語源に遡ってはじめてわかることが多い。
　日本人にとって法律英語が扱いづらいのは, 見たこともなくふつうの英和辞典には載っていない難解な英語が多いからではない。むしろ日本語にもなっている言葉が意外な意味をもっていたりするからである。
　たとえば copy をコピー機の連想で「複写物」と思い込んでいると,「原本」の用法は思いつかない。ちなみに, 研究社の『英語語源辞典』(本文中では単に『語源辞典』として引用した。) は, copy の説明の冒頭に「原本, 書類」を載せている。
　2007 年に『ロダス 21 最新法律英語辞典』を出版して以来, ロダスシリーズの第 2 弾として『法律英語の語源辞典』をつくるために上記の『語源辞典』などを参照しながら少しずつ書き溜めてきた。辞典とはいっても, 前著と違い ABC 順に項目ごとの説明を加えていくのではなく,「読む辞典」として以下の特色をもたせることにした。
　第 1 に,「見出し語」として身近かであるが重要な基本語を類似語とともに掲げた。第 2 に, 解説は基本語の語源に遡りつつ, 日

本の法律用語とも比較しながらわかりやすい記述を心がけた。第3に，比較，説明のため「見出し語」には入っていないが解説を加えた語があり，それらを含めて巻末に索引を載せ，ここから引いてもらえるようにした。第4に，一部の例外を除き名詞形の単語を選び見出し語にした。

　基本的な法律英語の語源には，ラテン語が多いことに驚かされる。「すべての道はローマに通ず」（All roads lead to Rome.）といわれたローマ帝国の標準語がラテン語であったことからすると，多くの法律英語の語源にラテン語が登場しても驚くに値しないかもしれない。加えて，法の世界では「人類の遺産」といってもよいローマ法の存在が大きい。

　法は言葉で語られる。ラテン語によってローマ法が世界中で語られ普及していったといってもよいであろう。とはいえ，English は元々「アングル族の言葉」の意味を持ち，英米法（Anglo-American law）の言葉でもある。ローマ法の影響をそれほど受けることなく連綿と受け継がれてきたゲルマン民族の法固有の言葉は，少なからず残っている。ラテン語と「融和」した言葉もある。

　日本法はといえば，明治時代，大陸法をベースに国家の礎を築き，第2次大戦後は英米法とくにアメリカ法の影響が憲法や独占禁止法，証券取引法（現 金融商品取引法）を通じて随所に表れるようになった。大陸法と英米法の「交差点」上で法律用語も語られている感がある。

　いってみれば日本の法律用語は，西洋からの「輸入品」である。その正確な意味や使い方を知るために語源を探るのは著者のような法律実務家にとって極めて有効である。大学の法学部や法科大学院で法律を学ぶ，あるいは企業で法務に携わる人々にとっても同様で

あろう。本書で取り上げた英語は，法律用語というよりは法律用語として使われることのある copy のようなごく一般的な英語が中心である。

英語学が専門ではないので，思わぬ勘違いがあるかもしれない。また，著者の関心のある分野に語の選択や記述の偏りがあるのではないかと思うが，法律を学び仕事で関わる人々に少しでも役立てばと考え世に問うことにした。

出版に際しては，ローダスシリーズ第 1 冊目の前著につづいて東京堂出版・出版編集部の渡部俊一さん，成田杏子さんには大変お世話になった。同社の「辞書」づくりに対する温かい理解があってはじめて本書が日の目を見たと感謝している。

　2011 年 5 月

長谷川俊明

目　　次

I　国家・社会，法・条約

はしがき

country, nation, state（国，国民，州） ……………………… *2*

charter, constitution（憲章，憲法） ………………………… *3*

republic, union（共和国，連合国家・連邦） ……………… *6*

domain, territory（領域，地域） …………………………… *8*

government, administration, cabinet（政府，政権，内閣） ………… *9*

congress, diet, parliament（議会） ………………………… *11*

vote, poll（投票，国民投票） ……………………………… *13*

manifesto, policy（宣言書，政策） ………………………… *15*

emperor, king（皇帝・天皇，王） ………………………… *17*

monarch, sovereign（主権者，支配者） …………………… *18*

appointment, designation（指名，任命） ………………… *21*

might, power（権力，権限） ……………………………… *22*

principal, principle（本人，原則） ………………………… *23*

right, privilege（権利，特権） ……………………………… *25*

people, citizen（人民，市民） ……………………………… *28*

compliance, observance（応諾，遵守） …………………… *31*

competition, race（請願，競争） …………………………… *32*

consumer, customer（消費者，顧客）……………………………… *34*
ecology, environment（環境保護，環境）……………………… *37*
peace, quiet（平和，平穏）……………………………………… *39*
moral, morale（道徳，士気）…………………………………… *40*
law, decree（法律，命令）……………………………………… *41*
act, statute（法律，制定法）…………………………………… *45*
code, legislation（法典，法令）………………………………… *47*
regulation, rule（規則，規定）………………………………… *49*
international, transnational, global（国際的）………………… *50*
compact, convention, treaty（条約）…………………………… *52*
国名の語源……………………………………………………… *56*

II 裁判・救済，情報・知的財産権

fairness, justice（公正，正義）………………………………… *60*
access, approach（接近，働きかけ）…………………………… *62*
classic, class（大試合，階級）…………………………………… *63*
balance, equity, scale（均衡，衡平(法)，はかり）…………… *65*
court, forum, venue（裁判所(地)）……………………………… *68*
procedure, proceeding, process（訴訟手続，議事録，訴訟書類） *70*
filing, submission（提訴，提出）……………………………… *71*
claim, demand（請求，催告）…………………………………… *72*
action, suit, litigation（訴訟，請願，民事訴訟）……………… *74*
judge, jury, finder（裁判官，陪審，事実認定者）…………… *76*
attorney, bar, lawyer（代理人，法曹(界)，弁護士）………… *78*
barrister, solicitor（法廷弁護士，事務弁護士）……………… *80*

defendant, plaintiff（被告，原告） ……………………………… *81*

enemy, opponent, rival（敵，対抗勢力，競争相手） ………… *82*

answer, reply, response（答弁(書)，回答，応答） …………… *83*

evidence, proof, testimony（証拠(物)，証拠，証言） ………… *84*

oath, swearing（宣誓，誓い） …………………………………… *85*

disclosure, discovery（(情報)開示，証拠開示手続） ………… *86*

doubt, suspicion, wonder（疑惑，容疑，奇跡） ……………… *87*

award, prize（裁定・仲裁判断，賞金） ………………………… *88*

appeal, trial（上訴，審理） ……………………………………… *89*

protest, objection（抗議，異議） ………………………………… *91*

arbitration, conciliation, mediation（仲裁，あっせん，調停） …… *94*

dispute, trouble（紛争，災難・障害） ………………………… *96*

resolution, solution（決議，解決） ……………………………… *97*

harm, injury（損害，権利侵害） ………………………………… *98*

cure, recovery（治癒，回復） …………………………………… *99*

redress, relief, remedy（救済(策)，救援，救済方法） ……… *100*

recall, return（回収・リコール，返却・還付） ……………… *102*

harassment, tort（いやがらせ，不法行為） ………………… *104*

gossip, scandal（うわさ話，醜聞） …………………………… *107*

libel, slander（中傷文，口頭誹毀） …………………………… *108*

accident, event, incident（事故，事件，出来事） …………… *109*

pandemic, epidemic, quarantine（疫病，検疫） ……………… *110*

abuse, misuse, appropriation（虐待，誤用，流用） ………… *113*

crime, offense, sin（犯罪，罪，原罪） ………………………… *114*

information, intelligence（情報，諜報） ……………………… *115*

acknowledge, notice（知識，通知） …………………………… *117*

acknowledgement, awareness（承認，認識）……………………*118*
know-how, patent（ノウハウ，特許）……………………*119*
brand, logo, trademark（ブランド，シンボルマーク，商標）…*122*
character, design, pattern（キャラクター，デザイン，型）……*124*
confidence, secrecy（秘密，機密保持）……………………*126*
data, material（資料，材料）…………………………………*127*
property, treasury（資産，国庫）………………………………*128*
copy, simulation（複製品，模倣）……………………………*130*
privacy, privity（プライバシー，権利関係）…………………*132*
approval, consent, license（認可，承諾，許諾）……………*134*
都市名，地名の語源………………………………………………*136*

Ⅲ 企業，組織

business, enterprise, venture（事業，企業）…………………*140*
association, entity, partnership（協会，実在(物)，組合）………*142*
company, corporation, firm（会社，法人，商会）………………*144*
address, domicile（住所，居所）………………………………*147*
stake, share（利害関係，分け前）………………………………*148*
concern, interest（事業，利権，利害関係）…………………*152*
conflict, independence（利益相反，独立）……………………*155*
board, commission, committee（会議(体)，委任，委員会）……*160*
president, executive（大統領・社長，行政部・経営者）………*162*
fee, remuneration（報酬，料金）………………………………*164*
agent, representative（代理人・行為者，代表）………………*166*
acquisition, merger, takeover（(企業)取得，合併，乗っ取り）…*168*

group, party（(企業)集団，当事者）················169
comfort, subsidy, support（支援，助成金，後援）··········172
hub, center（中心，中枢）····························174
factory, plant, workshop（製造所，製造工場，作業所）······177
check, monitor, review（監督，監視，再審査）············179
ombudsman, surveyor（行政監察官，検査官）··············181
archive, library（文書館，図書館）······················184
record, document（記録，書類）·························186
solvency, soundness（健全性，堅実性）··················188
bankruptcy, dissolution, liquidation（破産，解散，清算）·······191
rehabilitation, reorganization（民事再生，会社更生）·········192
通貨(名)の語源······································194

Ⅳ 契約，取引，金融

offer, proposal（申込み）····························198
bid, order, tender（入札，注文，提供）··················201
agreement, contract（合意，契約）······················203
gift, present（贈与，贈り物）··························204
covenant, deed（誓約，捺印証書）·······················206
chop, seal, stamp（官印，印，印章）····················208
engagement, promise（婚約，約束）······················209
commitment, pledge（委任・約定，質権）·················211
responsibility, liability（責任，賠償責任）················213
duty, obligation（義務，債務）·························215

fulfillment, implement, performance（(条件の)充足，実行，履行）
.... *218*

intent, will（意思，遺言）.. *219*

incentive, inducement, motive（奨励(金)，動機，誘引）......... *220*

mistake, wrong（錯誤，不正行為）................................... *222*

memorandum, note（覚書，メモ）..................................... *223*

text, original（正本，原本）.. *224*

translation, version（翻訳，翻案）................................... *226*

title, head（表題，見出し）... *227*

provision, stipulation（規定，明文化）.............................. *228*

clause, section（条項，節・条）....................................... *229*

article, merchandise（物品，商品）................................... *230*

supplement, addendum（追加，補充）................................ *231*

amendment, modification, revision（修正，改訂，訂正）......... *234*

accessory, annex, collateral
 （付属品，付加物・添付書類，付随担保）......................... *236*

impediment, obstacle（障害物，妨害）............................... *237*

breach, default（違反，不履行）...................................... *238*

waiver, estoppel（放棄，禁反言）.................................... *240*

failure, fault（不履行，落ち度）...................................... *243*

delay, moratorium（遅延，支払猶予）............................... *244*

acceleration, drive, promotion（加速，促進，昇進）............. *245*

mitigation, relaxation, release（(損害などの)軽減，緩和，解放）
.... *246*

accommodation, adjustment（融通，適合）......................... *247*

boilerplate, red tape（決まり文句）.................................. *248*

ix

revival, survival（復興，生き残り）⋯⋯⋯⋯⋯⋯⋯⋯⋯⋯⋯⋯⋯*251*

closing, conclusion, termination
　（清算結了，（契約などの）締結，解約）⋯⋯⋯⋯⋯⋯*252*

faith, belief（信義，確信）⋯⋯⋯⋯⋯⋯⋯⋯⋯⋯⋯⋯⋯⋯*254*

dispatch, express（至急便，速達）⋯⋯⋯⋯⋯⋯⋯⋯⋯⋯⋯*255*

deal, negotiation（取引，交渉・買取）⋯⋯⋯⋯⋯⋯⋯⋯⋯*256*

scout, trade（スカウト，トレード）⋯⋯⋯⋯⋯⋯⋯⋯⋯⋯*257*

auction, distribution, sale（競売，販売，売買）⋯⋯⋯⋯⋯*259*

outlet, exit（出口）⋯⋯⋯⋯⋯⋯⋯⋯⋯⋯⋯⋯⋯⋯⋯⋯⋯*261*

franchise（フランチャイズ）⋯⋯⋯⋯⋯⋯⋯⋯⋯⋯⋯⋯⋯*264*

accord, settlement（一致，和解）⋯⋯⋯⋯⋯⋯⋯⋯⋯⋯⋯*266*

goods, product（物品，製品）⋯⋯⋯⋯⋯⋯⋯⋯⋯⋯⋯⋯*267*

lending, loan（貸付け，融資）⋯⋯⋯⋯⋯⋯⋯⋯⋯⋯⋯⋯*269*

instrument, securities, paper（法律文書，証券）⋯⋯⋯⋯⋯*270*

credit, trust（信用，委託）⋯⋯⋯⋯⋯⋯⋯⋯⋯⋯⋯⋯⋯⋯*272*

custody, deposit, escrow（保管，預金，第三者寄託）⋯⋯⋯*275*

prime, subprime（優良の，劣位の）⋯⋯⋯⋯⋯⋯⋯⋯⋯⋯*277*

charge, surcharge（負担，追加料金）⋯⋯⋯⋯⋯⋯⋯⋯⋯*280*

guaranty, warranty（保証，担保(責任)）⋯⋯⋯⋯⋯⋯⋯⋯*283*

collection, recourse（回収，償還請求(権)）⋯⋯⋯⋯⋯⋯⋯*284*

haven, shelter（(租税)回避地，避難所）⋯⋯⋯⋯⋯⋯⋯⋯*288*

tax, levy, impost（税）⋯⋯⋯⋯⋯⋯⋯⋯⋯⋯⋯⋯⋯⋯⋯⋯*289*

参考文献⋯⋯⋯⋯⋯⋯⋯⋯⋯⋯⋯⋯⋯⋯⋯⋯⋯⋯⋯⋯⋯⋯⋯*291*
索引⋯⋯⋯⋯⋯⋯⋯⋯⋯⋯⋯⋯⋯⋯⋯⋯⋯⋯⋯⋯⋯⋯⋯⋯⋯*292*

I 国家・社会，法・条約

弁護士記章（バッジ）
　弁護士がその職務を行う場合には，弁護士記章を帯用しなければなりません。
　弁護士記章は，表面を十六弁のひまわりの花とし，その中心部に秤一台を配しています。ひまわりは正義と自由を，秤は公正と平等を意味しており，弁護士は自由と正義，公正と平等を追い求めることを表しています。（日本弁護士連合会ホームページより）

country, nation, state
国，国民，州

　いずれも「国」を表すが，あえて訳し分けると上記のようになる。
　country の語源は，中期ラテン語の *contrātam* であり，その原義は，「(見る人の) 反対側にある (土地)」=(land) lying opposite (the beholder) である。そこで，country は「国」を表すといっても，国土に重点を置いた言い方だとわかる。
　nation は，ラテン語で「出生，人種，民族」(= race, people) を表す *nātiō* を語源とすることからわかるように，国民に重点を置いて「国」を表すときに用いる。国際連合 (国連) のことは the United Nations (略して UN) という。
　UNICEF (United Nations International Children's Emergency Fund. 国連児童基金，ユニセフ。1953 年に United Nations Children's Fund と改称されたが，略称は UNICEF のまま)，UNIDO (United Nations Industrial Development Organization 国連工業開発機関) など頭に UN がつく国連の機関は多い。
　state は，「状態，ありさま」を表すとともに主に「国家，(米国などの) 州」を表す。the United States は「アメリカ合衆国」であるが，the States と略すこともある。「状態」と「国，州」では意味に隔たりがあるように見えるが，state の語源はラテン語の *status* であって，「現状」を *status quo* というのはよく知られている。*status* は，ローマ時代の「国のあり方」，すなわち「共和国の状態」を表したことから，state を「国，州」として使うようになった。

charter, constitution
憲章，憲法

　いずれも国家や組織の根本規範を表す語として使うが，語源からは奥深い「原義」がうかがえる。

　charter の語源は，「1枚の紙片」，しかも古代のパピルス紙を表すラテン語の *charta* である。そこから *carta*，すなわちカルタ，カード（card），チャート（chart）といった語が派生した。

　カルタだったら誰でも知っているが，*carta* はもともと1枚の紙片で，契約書も表し，*carta partita*「分けられた契約書」のように使った。現在は，charter party「傭船契約」を表すようになった。

　その昔，パピルスから紙ができる前は，重要な契約は羊の皮に書いたという。双務契約であれば当事者は同じ内容の署名済み契約を1枚ずつもたないといけない。そこで，大きな羊の皮を用意し，契約内容を右，左に2度書き，鋭い刃物で真ん中を切り分けた。それも真っすぐに切るのではなくわざとジグザグをつけるよう不規則に分け，後に切断面を合わせてみればその時の片方かどうかがわかるようにした。

　紙の時代になってからも1枚を真ん中で切り分ける，あるいは2枚を重ね上部を不規則に切って，1枚ずつ当事者が保有することを行った。この場合とくに上部のギザギザが鮫の歯のように見えるため，deed indented = indenture と呼ぶようになった。*in + dent* で「歯型をつける」である。

　傭船契約の場合，必ず船主（owner）と傭船者（charterer）の2当

事者が登場する。さすがに羊の皮に書くほど古くはないにしても，歯型捺印証書のように2通に分け，1通ずつ持ち合う契約書の代表例のように傭船契約が締結されてきたことから，次第に charter party と称するようになったらしい。

charter party，すなわち傭船契約には，demise (*or* bareboat) charter, time charter, および voyage (*or* trip) charter の3種類がある。それぞれ，「裸傭船契約（船舶のみの傭船契約）」，「定期傭船契約（期間を定めた傭船契約）」，「航海傭船契約（航海ごとの傭船契約）」とされている。

charter は，契約書だけでなく，「憲章」の意味にも使う。the Great Charter は「大憲章，マグナカルタ」である。法律用語としては，会社の定款を charter と称する。イギリスの国王が植民地につくった東インド会社のような"現地法人"に与えた勅許状，特許状がもとである。会社だけでなく，自治都市などの設立，権限などを保障するために国王や国が発する勅許状を charter と呼んだ。

constitution は，*con*「共に」+ *stitute*「（組み）立てる」から生まれた。stitute の語源は，ラテン語の *statuō* で「立てる，確立する，定める，判断する」といった意味をもつ。

statue「像，彫像」，statute「制定法，法規」はここから生まれた（46頁参照）。ニューヨーク湾内の Liberty Island にそびえ立つ自由の女神像のことは，the Statue of Liberty と呼ぶ。右手にたいまつ (torch) をかざし，左手に「世界を照らす自由」(Liberty Enlightening the World) の文字を刻んだ板を持つ。アメリカ合衆国独立100年祭に際しフランス政府から贈られた。

「共に立てられたもの」が constitution の原義であり，いまは「構成，構造，組織，体格，体質」などを表すようになった。一方

で，constitution には，「憲法」の意味があり，the Constitution of Japan は「日本国憲法」である。the Constitution of the United States は「アメリカ合衆国憲法」であり，成文憲法としては最古とされる。

英国には成文化された憲法はなく，慣習法による unwritten constitution「不文憲法」である。このため，イギリスでは憲法を the Constitution とはいわず，constitutional law「憲法的法律」という。

なぜ constitution が憲法を表すかといえば，国家設立の根本をなす規範だからであり，constitution には「（法律などの）制定」の意味が「（組織などの）設立」の意味とともにある。

the Constitutional Convention はアメリカの「憲法制定会議」のことで，1787年5月，ジョージ・ワシントンが議長となり，ロードアイランド州を除く東部12州の代表を集めて開催された。アメリカ合衆国はこの憲法によって連邦国家となった。同憲法には26ヵ条の修正増補が行われ現在の姿になった。

republic, union
共和国，連合国家・連邦

　国の正式名称のなかには「～共和国」を表して "～ Republic"，あるいは "Republic of ～" とするものが多いことに気づく（56 頁以下参照）。

　republic は，*rēs*「もの」+ *publica*「公の」から成るラテン語が語源である。これを共和制の国を表す語として使うのは，共和制は社会政治が構成員全員のためにあるとの考えを基礎とするからである。

　アリストテレスは，国家形態を統治者の数によって君主制，貴族制，共和制の 3 つに分けたが，いまでは，君主制と共和制に 2 分し，君主制以外の形態を広く共和制というようになった。ちなみに日本は，立憲君主制（constitutional monarchy）の国であって，「君臨すれども統治せず」（The King reigns, but does not govern.）のイギリスの制度に近い。これに対し，プロイセン型の立憲君主制では，君主の統治権が名目的，形式的ではなく実質的に強く残る。

　なお，アメリカにおいて Republican といえば「共和党員」のことで，republican だと「共和政論者」になる。

　union も国家の正式名称に使われることがある。旧ソビエト連邦は "the Union of Soviet Socialist Republics" と称した。アメリカ合衆国は，南北戦争当時の北部諸州を the Union といい，北軍は the Union Army といった。

　アメリカ合衆国憲法は，「合衆国」は the United States，あるい

は the United States of America というが，連邦について規定するときは，"New States may be admitted by the Congress into this Union."「連邦議会は，新しい州をこの連邦に加入させることができる」（合衆国憲法第 4 編第 3 節 1 項）のようにいう。

イギリスは大ブリテンと北アイルランドの連合国家であるが，これを the Union と称している。同国の国旗を the Union Jack というが，Jack は人の名ではなく国籍を示すために船首につける小旗のことである。同国国旗としては，the Union Flag というほうがより正式らしい。その図案は，十字が重なってできている。

これは，イングランドの旗がその守護聖人から「聖ジョージ十字 Saint George's cross」と呼ばれる白地に赤い十字架で，スコットランドは同じく「聖アンデレ十字 Saint Andrew's cross」と呼ばれる青地に白い X 型で，それをスコットランド併合時（1603 年）に組み合わせ，その後，アイルランドを併合したさい（1801 年），その「The cross of St. Patrick」と呼ばれる白地に赤い X 型をさらに重ね現在の旗になった。ウェールズの分はというと，1603 年以前にすでにイングランドに併合されていたために入っていない。

union の語源は，「統一」を意味するラテン語の *ūniō* であり，さらにもとは「1 つ」を表す *ūnus* である。

domain, territory
領域，地域

　語源を辿ると似たような「領地」に行きつく。

　domain は，「領地，領域」を表すが，元は「所有権，支配」を意味するラテン語の *dominium* である。法律用語として「完全土地所有権」を表すとともに，domain of use は「土地使用権，地上権」となる。

　domain は，さらに学問，思想などの領域，分野を表すことがあり，専門知識や技術情報が public domain に帰したといえば，一種の公有状態になったことを意味する。誰でも知ることのできる状態になったことだけでなく，著作権や特許権の保護期間が切れて誰でも使えるようになることもいう。

　domain は「ドメイン名」でおなじみのインターネット用語でもある。これは，インターネットやコンピューター・ネットワークで，サーバーを中心に構成された，アドレス文字列に見られる各階層，すなわちネットワークのひとまとまりを表す。

　territory の語源は land「土地」を意味するラテン語の *terra* である。「台地」や「高台」を英語で terrace というが，同じ語源から生まれた。住宅に接して設けられるテラスも同様である。そこで territory は，「領土，領域，地域」の意味で使う。

　ライセンス契約（license agreement）や，販売店契約（distributorship agreement）には，ノウハウや販売権の実施許諾地域が Territory「本地域」として定義されることが多い。

government, administration, cabinet
政府，政権，内閣

　いずれの語も同様の意味に使うが，語源的にみると違いが浮かび上がってくる。

　government は，「政府，政権」を表すのに最もよく使う語である。ただ，この語の原義から導かれるのは，まずは「政治統治（権）」である。government は，「治める，運営する，管理する」を表す govern の名詞形である。

　govern の語源は，「船の舵をとる」を意味するギリシア語の *kubernân* で，これがラテン語に借り入れられて *gubernāre, gubernātiō*「舵をとること，操縦，指揮，支配」になった。国や国民を「統治する，支配する」というのに govern を使うときは，理性に基づくよい意味での統治を念頭に置くので，government も「よい政治」である。リンカーンの有名な「人民の，人民による，人民のための政治」に使われたのは government であった（28 頁参照）。また州や県の知事のことは governor という。

　なお，the Japanese Government「日本政府」のような言い方では，集合名詞的に，頭文字を大文字にして使う。

　administration を英和辞典で引くと「管理，運営」の意味を最初に掲げているものが多い。しかも企業の経営，執行に関連して，the administration といえば「企業管理者，執行陣」を表す。business administration は「経営学」であり，MBA（Master of Business Administration）は「経営学修士」である。

administration を the Obama Administration「オバマ政権」のように使うのはアメリカ英語で，イギリスでは Government を用いる。

administration は administrate あるいは administer の名詞形である。administer は ad + minister から成り，minister の語源は，「召し使い，人に奉仕する者」を意味するラテン語である。the Minister of ～で「…大臣」を表すが，原義は国民に奉仕すべき人でしかない。administer の ad-は「…へ」，「…に」を表す接頭辞であるから，administration には「（下の者に）施すこと，与えること」の意味がある。

administrator には，「行政官，管理者，経営者，執行者」を広く表し，財産を管理するべき人としての破産管財人や更生管財人も表す。

cabinet で英和辞典の最初に出てくるのは，「飾り棚，キャビネット」であり，次に the Cabinet で「内閣」である。Shadow Cabinet「影の内閣」の使い方は日本でもよく知られている。

cabinet は，cabin「小屋，キャビン」+ et「…の小さなもの」から成り，cabin の語源は，フランス語の *cabine* と共通するとみられ，原義は「小さな部屋」である。cabinet が「会議室」，「閣議室」から「内閣」の意味で使われるようになったのは，英語独特の使い方，語義とされている。

congress, diet, parliament
議会

　立法府，すなわち議会にはいくつかの言い方があり，国によっても呼び方が異なる。

　アメリカ合衆国または中南米のとくに共和国の場合，Congressという。通常，an act of Congress といえば，議会で制定され大統領の批准を経た「法律」である。

　congress の語源は，*con*「共に」+ *gress*「行く」を表すラテン語で，ここから「一ヵ所に集まる（場所）」，すなわち議会の意味になった。

　アメリカ合衆国の場合，連邦の国会議事堂のことは the Capitol，あるいは the Capitol Hill という。もともと the Capitol といえば，古代ローマの Capitoline 丘上にあった Jupiter 神殿のことであった。語源は「頭」を表すラテン語の *caput* である。アメリカの Congress は the Senate「上院」と the House of Representatives「下院」から成る。

　the Senate は，古代ローマ時代における「元老院」を表す。「上院」を文字通り the Upper House と称する国も多い。その場合，「下院」は，the Lower House でよく，合わせて the House で「議院」を表す。日本の場合「衆議院」を the House of Representatives「参議院」を the House of Councilors という。representatives の語を使うのは国民の代表との意味からであり，councilor は，「評議員」の意味をもつ。

日本の国会は the Diet という。かつてデンマーク，スウェーデン，ハンガリー，プロイセンなどの地方議会を意味していたとされ，プロイセンを除く諸国では，いまも国会をこのようにいう。日本の場合，明治憲法がプロイセンの流れを汲んだものであったことから国会にこの語を使うようになったのであろう。

　diet の語源は，「1日の旅程，仕事」を表すラテン語の *diaeta* である。これには「会議，会合の指定日」の意味があり，やがて議会を表すようになった。スコットランドでは，裁判の開廷日，公判日を diet という。なお，減量のための食餌療法をやはり diet というが，こちらは「食習慣」，「生活様式（way of life）」を表すギリシア語から派生した語であって議会とは関係がない。

　イギリスでは議会のことを Parliament という。オーストラリア，カナダなど英連邦諸国も同じ言い方をする。イギリスの国会議事堂は，the House of Parliament というが，議会は the House of Lords「上院」と the House of Commons「下院」から成る。lord は，「パンを守るもの」(loaf + ward) を意味する古期英語から生まれ「主人，君主，神，貴族」を表す語である。

　日本でも，第二次大戦前は貴族院があった。common は，「共通の，公共の」を意味するラテン語 *commūnus* から生まれた。名詞で the commons というと「庶民」を表した。

　parliament の語源は，*parley*「話をする」+ *ment*「場所」を表す古期フランス語である。parley は現在の英語としても，「討議，会談，（とくに戦場で敵と行う）和平交渉」を表すのに用いる。

vote, poll
投票，国民投票

　vote，poll 共に「投票」を表すが，語源からはさまざまなことを知ることができ興味深い。

　vote は，「票，投票用紙，投票（結果）」の意味に使うが，the vote では，「投票総数，投票権，選挙権，議決権」を表す。the floating vote「浮動票」，win the farm vote「農民票を獲得する」といった使い方もある。casting vote は，「決定票，キャスティングボート」である。

　vote の語源は，「（神々への）誓約，祈願，願望」を表すラテン語の *vōtum* である。このラテン語は，「誓い，誓約，誓願」を表す英語 vow の語源にもあたるが，中世英語として vote になったのち，「投票」の意味に使われるようになった。なぜ，「誓い」や「祈り」が「投票」になったかといえば，「願いや望みを投票に託す」意味からだとされる。また，17 世紀には vote を「祈願成就の，奉納の」を表す使い方をしたというから，「清き一票に祈りを込める」神聖な行為が vote であるといってよい。

　国民による公正な投票が民主主義の基礎であるが，日本で納税額による制限を課さない男子普通選挙が行われるようになったのは，1925 年である。婦人参政権が認められたのは 1945 年からである。

　poll が法律用語として重要なのは単なる投票というよりは，「国民投票」的投票を意味する点である。ほとんどの英和辞典で poll を引くと最初に出てくるのが「世論調査，意識調査，人気投票」と

いった意味だからである。ちなみに，選挙のことは一般に election というので，普通選挙は popular election というが，住民投票は，the inhabitants' poll でよい。

poll には法律用語としてほかに「人頭税」という意味と「平型捺印証書」の意味があるが，いずれも poll の語源の「頭」からくる。

poll の語源は，「頭のてっぺん」を表す中期オランダ語 *pol*(*le*) が中期英語の *polle* となり，英語で「頭数，登録人数」を，さらには「(選挙の) 投票」を表すようになった。

poll は，「(木の) 頭を刈り込む」，「(家畜の) 角を切り落とす」から，「角なし牛 (獣)」の意味も別に生まれた。これと「平型捺印証書」が関係しており，片務契約に使う。双務契約を捺印証書とするときは，かつては大きい用紙の中央を不規則に切り分けたというが，その後，紙を重ねて上部をギザギザに切りこれを「歯型捺印証書」(deed indented = indenture) というようになった。

歯形のように不規則に切るのは，切断面を合わせそのときの正本であることを証明するためである。片務契約においてはこうした偽造，変造防止の文書管理が必要なく，上部 (頭部) が平らのままの証書でよいので，poll と呼ぶのである。

manifesto, policy
宣言書，政策

　日本では国政選挙のたびに政党のマニフェスト（manifesto）が問題とされるようになった。

　manifesto は，「明白な，判然とした」を表す manifest よりも語源に近い。manifesto は，政党などの「宣言書，声明書」を意味するイタリア語だからである。manifesto と manifest の語源にあたるのはラテン語の *manifestus* である。このラテン語は *manus*「手（= hand）」+ *festus*「捉えうる（= capable of being seized）」から成り，「手でしっかりと捉えられる」，すなわち「現場を押さえられた，罪状明白な」状態を表す。現行犯逮捕される場合を想定すればよい。

　ここから *manifestus* には「疑う余地のない，明白な」との意味が生まれ，名詞の *manifesto* は，「明らかにされたもの，明示されたもの」，すなわち「宣言書」の意味で使われるようになったと考えられる。

　policy には「政策，方針」の意味と，「保険証券」の意味がある。これら2つの意味は違う語源から生まれた。前者の意味の policy の語源は，ラテン語の *polītīa* であり，そのさらに元はギリシア語で，「政体，政府」を表した。プラトンの『国家論』のタイトルは *Polītīa* である。政体，政治形態を支える手段は，統治術であり政策であることから，policy には，「方針，政策」の意味が生まれた。

　この意味の policy の元は，古代ギリシアの都市国家 polis である。古代ギリシア以来，西洋の都市は外敵から守るために城壁で囲まれ，

保安を担当する部隊の存在は欠かせなかった。そこで，polis からは，police「警察，治安（部）隊」の語が生まれた。

いずれにせよ，国家や政党の政策を policy という一方で，かつては政治形態，国家形態を polity と称した。policy と polity は二重語で，政治や政治学を politics というのは，ここからきた。

「保険証券」の policy の語源は，「証明」（= *proof*）を表すギリシア語の *apodeixis* である。ここから，ラテン語の *apodixis*，イタリア語の *polizza* が生まれ，いまの policy になったとみられる。

保険のなかでも損害保険の起源は古く，古代バビロニアのハムラビ法典には損害保険の考え方が示されている。当時の商人による貿易は，暴風雨などの自然災害だけではなく，いつ海賊に襲われるかもしれない危険に満ちたものであった。

そこで，船主や荷主が資金を借り入れ船を出して貿易を行うのであるが，船が無事帰港できれば元利金を支払い，海賊に遭うなどして帰港できないときは支払い義務を免れるという冒険貸借がギリシアの地中海商人の間で行われるようになった。こうした危険分担の仕組みは，現在の損害保険の基礎になっている。

保険証券（insurance policy）は，保険契約の成立と内容を証するために保険者が発行する証券である。保険契約は，一定の方式にしたがって行われることを要求する要式契約ではなく当事者の意思表示の合致だけで効力を生ずる諾成契約だから，保険証券の発行によって保険契約上の権利義務が生じるわけではない。保険証券は，証券の作成によって権利が発生する設権証券ではなく，契約書でもない。証券の所持がなくとも保険金請求権が認められるので有価証券ともいえず，結局，民法のような実体法というよりは民事訴訟法のような手続法的な「証明」のための文書が保険証券であるといえる。

emperor, king
皇帝・天皇，王

　日本の天皇のことは the Emperor というが，the King とはいわない。これにはしかるべき理由がある。

　emperor の語源は，「指揮者，支配者，最高司令官」を表すラテン語の *imperātor* である。この語は，帝政ローマ時代の「皇帝」を表す語でもあった。*imperātor* のもとは，*imperitō* であって「命令する，指揮する，支配する」を表すので，emperor の原義は「命令，指揮する人」である。

　king の語源は，古期ノルド語の *konungr* で，さらにそのもとの *kunjam* は，「部族，一族，親族」を意味した。そこで，king の原義は「部族の子孫」であるとする説がある一方で，「高貴な生まれの者」とする解釈もある。

　江戸時代日本で天皇を the King と訳さなかったのは，中国との関係があったと考えられる。中国は秦の始皇帝以来統一されたならば皇帝が君臨していたため，日本が「部族の長」である King の国であるとすると中国の属国であるかのような印象を与えてしまう。

　また，徳川将軍は，士族の長であるのでその上に立つ天皇には emperor の称号をつけるしかなかったともされる（渡部昇一『語源力』より）。

monarch, sovereign
主権者，支配者

　君主や元首を表す英語はいくつかあるが，monarch や sovereign もそうである。ただ，語源的にはそれぞれ違ったルーツをもつ語であることがわかる。

　monarch の語源は，「1 人で支配する者」を意味するギリシア語の *monarkhos* であり，これがラテン語に取り込まれ *monarcha* となった。*mona-* は mono-「単一（の）」を表す。この語源から monarch は，もともと「独裁的統治者」をいい，いまでも「世襲的君主，帝王」を表すのに使う。an absolute monarch といえば，「専制君主」である。

　sovereign は，名詞では，「主権者，元首，君主」を表し，イギリスでは現在は使われていない 1 ポンド金貨を表すこともあった。原義は，「人の上に立つ者」で，語源には above の意味のラテン語 *super* がある。古期フランス語の *soverain* を経て現在の英語の綴りになったのは，1400 年頃に reign「君臨する」との連想で -g- が混入したためとされている。

　国際金融の世界では，「ソブリン・リスク」としてソブリンの語が使われることが多い。主権国家がデフォルト（債務不履行）に陥るリスクがソブリン・リスクの内容であり，いわゆる PIGS（ポルトガル，アイルランド，イタリア，ギリシア，スペイン）諸国における財政危機が懸念されたことがある。

　ソブリン・リスクが世界経済にとって深刻な問題になるのは，法

律的にみてソブリン・イミュニティ（sovereign immunity）があるからとの見方も成り立つ。ソブリン・イミュニティのおかげで主権国家は外国の裁判所で訴えられたとしても、裁判手続きに応ぜず、下された判決の執行も免れる可能性があるからである。

ソブリン・イミュニティは、「主権免除特権」と訳される。主権国家は互いに対等であるべきで、ある国が他国の主権に服し自己の意思に反して裁判権を含む他国の権力作用に服すものではないとの考え方のもとは、「対等者は対等者に対しての支配権を持たない」とする中世封建時代の原則から生まれた。

課税その他の規制から免れることを内容としてきたが、国際金融取引にいまもって影響が大きいのは、「裁判からの免責」である。司法権は、国家統治権の一部であるから、国家が他国の主権に服さないことは、司法権すなわち裁判権にも服さないことを意味する。

外国を借手とするシンジケート・ローン（複数の貸手が協調して融資をする仕組み）の貸手である民間金融機関の立場を例に考えてみよう。借手にデフォルトがあればデフォルト宣言をして期限の利益を失わせ必要に応じて裁判を起こし債権の保全、回収を試みる。

こうした「対抗策」は、外国が主権免除特権の行使によって機能しなくなるおそれが生じる。金融取引に限らずいざというときに裁判に対する主権免除特権をふりかざされるのでは、安心して外国国家や政府機関を相手にした取引をする者はいなくなる。

これではとくに国際金融取引にとって大きな阻害要因になりかねないので、主権免除特権について相対主義、あるいは制限主義と呼ばれる立場を表明する国や条約が登場することになる。この考え方は、国家の行為（契約も含まれる）を、公権的な立場から主権の行使として行われたものと、私人と同様の立場で行われたものとに分

け，後者については免除特権を主張させないとする。

　上記シンジケート・ローン取引でいうと借入をすること自体は，私企業・私人が行うのと異なるわけではない。したがって，相対主義による限り，借手である国家・政府機関は，免除特権を主張できない可能性が生じる。ユーロ市場をはじめとする国際金融マーケットでは，国家・政府機関を借手とするシンジケート・ローンなどが多く組まれる。制限主義がその貸出地ひいては裁判管轄地でとられるかどうかは，国際金融マーケット存立の「条件」の1つに数えられるほどである。

　そのため，国際金融市場ニューヨークを抱えるアメリカは，1976年外国主権免除法（Foreign Sovereign Immunities Act of 1976）を，同じくロンドンを抱えるイギリスは，1978年国家主権免除法（State Immunity Act, 1978）を制定し，それぞれ制限主義をうたった。日本では，長い間，古い判例（大審院昭和3年12月28日決定）で絶対主義によってきた。最高裁判所は，平成18年7月21日の判決によって明確に判例を変更したが，法律を制定するところまではいたっていない。

　ただ，日本は2007年1月11日，「国及びその財産の裁判権からの免除に関する国際連合条約」（国連総会が2004年12月2日に採択した条約）に署名した。同条約は，30ヵ国が締結することによって発効することになっているが，2011年5月時点での締結国は11か国である。

appointment, designation
指名，任命

　appoint の語源は，「調整する」を意味する古期フランス語 *apoint(i)er* とされ，ap-「…に」+ point「指をさす」から成る。「任命する，指名する」というには，appoint を最もよく使う。

　フランス語では「本来『定める』という法律用語だったが，17世紀ごろからその意味がすたれ，同時に『給料を与える』という現在の意味が発達した。」とされる（『語源辞典』より）。

　designation は，designate の名詞形であり，「表示，明示（= to make out）」を原義とするラテン語 *dēsignātiō* が語源にあたる。

　「指名する」意味で designate を使うのは，より公式的な場面，たとえば大統領が国務長官（the Secretary of State）を「任命する」といった場面が多い。企業間，私人間でビジネス上，販売店に指名するというには appoint のほうが向いている。

　ただ，appoint を公式的法律用語として用い，「財産の所有権（者）を指定する」の意味になることがある。一般に appointer といえば「任命（権）者」であり，appointee は「被任命者」であるが，狭義の法律用語では，それぞれ「（財産指名権による）指名権者」，「（財産権の）被指名者」となることに注意したい。

might, power
権力，権限

　might には may の過去形としての使い方と，may「…できる，…してもよい」の名詞形としての使い方がある。いずれも語源は「力がある」「できる」を意味する古期英語の *mæġ* で，名詞形の might は現在も「力，権力，能力」を表す。契約書中で「…をしてもよい，できる」というには can よりも may を使うほうが公式的である。

　power は「力，能力」を表す一般的な語であるが，power of attorney「委任状（直訳すれば「代理人の権限」）」のように「権限」を表す法律的な用法もある。

　power の語源にあたるのは，「(…が) できる」，「可能性がある」を意味するラテン語の *possum* である。「可能な，見込みのある」を意味する possible も同じ語源から生じた。

　他に「力」を表す語に force や strength がある。force は，法律や契約の「効力」を表すこともあるが，一般には物理的に行使される「腕力，暴力」を表す。strength は法律用語として使われることはほとんどなく，人や物に備わっていて行動を可能にするところの内に秘めた「力」を表す。

principal, principle
本人，原則

　いずれの語も法律用語としてよく使うが，後述のとおり語源は共通している。principal と principle は，発音記号も [prínsəp(ə)l] で同じである。両語の間で互いに「…と同音」と断っている辞書もある。このところ，たとえば金融庁による金融機関に対する監督・規制などには「プリンシプルベース」が多くなりつつある。

　2009 年 6 月 1 日から一定の金融機関に利益相反管理を要求する 2008 年改正金融商品取引法，同銀行法などが施行になったが，利益相反管理は「金融サービス業におけるプリンシプルについて」（平成 20 年 4 月 18 日，金融庁）において守るべきプリンシプルの 1 つに挙げられている。この場合のプリンシプルは，内容的にいって principle のことで，「本人」や「元本」の principal ではない。

　principal も **principle** も「最初の，初めの」を意味するラテン語 *princip-* が語源である。このラテン語は，「王子」を表す prince の語源にもあたり，*princeps* は first man の意味をもち「王」も表す。ここから，principal は，「頭」，「長」，「支配人」といった意味になる。principle の最も一般的な意味は「原理，原則」である。次に「主義，信念，方針」が導かれる。「プリンシプルを大切にする人」はめったなことで主義，主張がブレたりはしない。

　金融危機以来，金融市場，資本市場における規制のあり方に関心が集まっているが，アメリカ流のやり方はもっぱら性悪説に基づくと思われるほど細かなところまでルールを作り，それを何とか守ら

せるために多くの仕組みを用意する。「法の極みは悪の極み」というローマ法の格言があって，法ルールを細かくしすぎるならば無法状態よりも悪くなると決めつけるが，アメリカの法的ルール万能社会ぶりは，この法格言を思い起こさせる。

これに比べるとイギリスの規制ははるかにプリンシプルベースといってよい。イギリスは，もともと判例法と慣習法の法体系をもち，柔軟な法規制で知られる。金融分野も例外ではなく，ロンドン・シティの老貴婦人（Old Lady）と称されてきたイングランド銀行（the Bank of England）は，話し合いと説得による監督によってきた。

イギリスは，1979年銀行法を制定するまで成文化した銀行規制法をもたなかった。1973年にECに加盟を認められ他の加盟国との規制のハーモナイゼーションのためにしぶしぶ制定したともいわれる。その後，グローバル化した市場の規制ルールとして，1986年金融サービス法，2000年金融サービス市場法などを相次いで制定してきたが，ここにきてプリンシプルベースを標榜して大原則に回帰しようとする動きがみられる。

中国には「法三章」の教えがあり，「法の極みは悪の極み」と同じことを裏返しの形で述べている。漢の高祖が殺人・傷害・窃盗のみを罰したことから，転じて法律を極めて簡略化することをいうようになったものである。法的ルールで世の中があふれ返ると形式解釈が横行し，ルールで規制していないことはやって良いとする弊害が目立つようになる。日本でも原理・原則のprincipleに戻ることが必要なのではないであろうか。

right, privilege
権利，特権

　right を英和辞典で引くと，名詞ではまず「正義，権利」の意味があり，次に「右，右手，右派」の意味が別項となって続くのがふつうである。いずれもよく知られた意味であるが，これらは語源からみると密接にかかわっている。

　right の語源は，「まっすぐな」を表す古期英語である。「まっすぐ」なはずが「右」にそれていくのには理由がある。古代ローマの頃から「正しい」のが「右」になってしまったからである。

　右利きの人がずっと多いことと関係があるのかもしれないが，古代ローマでは右が「正しい」と信じられていた。

　　Gods live in the right side, evil spirits in the left.
　　「神々は右側に，悪霊は左側に棲む」
との格言さえ残っている。古代ローマの公共の建物には右足から入らなくてはならないとする規則があり，入り口の監視員がチェックしたという。

　現在でも宗教上の理由で，右手を清い手，左手を不浄の手とする人々がいる。ものを食べるときは必ず右手で食べなければならず，左手で子供の頭をなでたりして親に見つかると大変な騒ぎになるらしい。

　政治の世界では，「右」は保守派を，「左」は革新派を表す。フランス革命後の議会で保守派が議長から見て右側の席を占めたことからきている。日本でも，与党・保守派は右側の，しかも実力者ほど奥

の席に座っている。右派が「正」,左派が「悪」というわけではなさそうである。

right は古代ゲルマン語から生まれた語で,同じルーツの語にドイツ語の *Recht* がある。*Recht* は「正義,権利」より広く,「法」そのものを表す。「法の目的は正義である」というくらいなので,驚くに値しない。

企業買収防衛策の1つにライツプラン (rights plan) がある。この場合複数形で使う rights を,ある Law Dictionary (Steven H. Gifis, Fifth Edition) は次のように説明している。

"In securities trading, a negotiable privilege to buy a new issue of stock at a subscription price lower than the market price of outstanding stock."

「証券取引において,流通する株式の市場価格よりも低い買取り価格で新株を買うことのできる流通可能な特権」

新株予約権は,日本では2001年の商法改正時に創設され会社法がこれを引き継いだ。この新株予約権が内容的には上記の rights に当たる。rights plan は,いわゆるポイズンピル・プラン「毒薬(条項)」の一種である。

典型的なライツプランでは,普通株式を保有する株主全員に持株割引に応じた新株予約権を付与しておく。そして敵対的買収者が一定の割合以上の株式を取得した場合には,新株予約権を行使して普通株式を取得できるが,敵対的買収者自身はこの新株予約権を行使できないようにする。なお,株主の新株引受権のことは,preemptive rights という。

privilege の語源は,*privi*「個人の」+ *lege*「法律」を表すラテン語である。さらに元を辿るならばラテン語の *prīvus* が「単一の,

独自の」を表し,ここから,private「個人の,私有の,秘密の」,privacy「プライバシー,1人でいること,ほかから干渉されないこと」が派生した。

privilegeの原義は「個人のための,1人のための法律」であるが,そこから一般の「権利」というよりは「特権」あるいは基本的人権のような根源をなす権利を表すのに使う。官職に伴う特権として「外交特権」は,diplomatic privilegeという。

基本的人権の1つとして重要なのがprivilege against self-incrimination,すなわち「自己負罪拒否特権」である。これは,自己に刑事責任を負わせるような供述を強要されない権利であって,合衆国憲法修正第5条(Fifth Amendment)が規定している。

訴訟手続において重要なのが,privileged communication「秘匿特権付情報」(秘匿特権の対象であることから裁判所の文書提出命令も免れる情報)である。なかでもattorney-client privilegeは,弁護士,依頼者間の秘密保持特権としてディスカバリー(証拠開示手続)の対象からも除外される。

people, citizen
人民,市民

　people には「人々,国民,民族」のほか「人民」という意味がある。リンカーンの "government of the people, by the people, for the people"「人民の人民による人民のための統治」は,民主主義の基本理念を簡潔に示した言葉として知られている。

　中国の正式国名中華人民共和国のことは the People's Republic of China(略して PRC)という。また,日本でいえば首相が衆議院を解散して総選挙に打って出ることによって政治指導者が「国民の信を問う」ことを go to the people といったりする。

　people の語源は,「民族,人民,民衆,大勢,多数」を表すラテン語の *populus* である。ゲルマン語では,古期英語の *folc*,現在の folk がほぼ people にあたる語であるが,『語源辞典』によると,「人民,人々」の意味では,中世英語のあたりから people が folk に取って代わって用いられるようになったとある。

　ただ,「家族,親類,民族」には folk を使うことが一般的で,folk dance「民族舞踊」,folk song「フォークソング」のように使う。people は,「庶民,人民,部下」を広く表すので the nobles and the people「貴族と庶民」,the king and his people「国王とその臣民」といった言い方がある。

　citizen を辞書で引くと,「(出生または帰化により市民権をもち,国に対する忠誠の義務を有する)公民,人民,国民,(特に市民権をもつ)市民」と載っている。

I 国家・社会，法・条約

「人民」や「国民」は共通する意味だが，people とはベースの部分が違うのではないかとの印象を上記 citizen の説明は与える。

citizen の語源は「自由民」を表した古期フランス語の *citiain* である。これが中世英語に取り込まれ *citisein* となり citizen になったのであるが -zen の綴りは，「住民，居留民，（市民権を与えられた）外国人居住者」を表す denizen からの影響とされている。

citizen の関連語に citizenship があり，「市民権，公民権，公民の身分」などを表すので，people と citizen は，後者が citizenship をもつ点で違いがあるということができる。「市民権」や「公民権」はほぼ同じ内容をもつと考えられ，「公民」は近代市民革命によって身分制から解放された「人」よりは狭い。とくに日本においては「公民権」を選挙権や被選挙権から成る参政権を中心とする公民としての権利の総称として使う（労働基準法7条参照。）。

アメリカには，the Civil Rights Act と呼ばれる，人種，膚の色，宗教，出身国，性別に基づく差別を解消する目的で制定された一連の連邦法がある。1964年に制定された法律が最も包括的な内容をもち，「公民権法」と訳している。

civil は，「軍人，官吏」に対して「一般人の，民間人の」を意味する。ここから civilian は「民間の，一般市民の」を，名詞では「民間人，一般人」を表す。日本国憲法は civilian に「文民」をあて，「内閣総理大臣その他の国務大臣は，文民でなければならない」と規定している（66条2項）。

憲法のこうした規定は，civilian control の考え方に基づいており「文民統制」あるいは「文官統制」と訳している。近代民主主義国家の政治と軍事の関係において，政治が軍事に優先し，これを統制すべきものとする原則といってよい。

企業でいえば，一部の専門技術者集団が一種の「聖域」をつくり，他部門からは口出しができない状態になると危ないことが多い。文民的経営者からのコントロールのきかない部門が問題を起こしやすい，コーポレートガバナンス（governance）の悪い会社だからである。

　なお，civil の語源にあたるのは，「市民の」を意味するラテン語の *civīlis* である。ここから派生した civilize には「文明化する，洗練させる」との意味がある。名詞形の civilization は「文明」がふつうの意味であるが，『語源辞典』には，「刑法上の訴訟を民事に変える法律」という，18 世紀，19 世紀の用法が載っており興味深い。

compliance, observance
応諾，遵守

　いまやコンプライアンスは日本語ですっかり定着した。一般に「法令等遵守」と訳したりするが，企業は単に日本国の立法機関や行政庁が制定する狭義の「法令」だけでなく，外国の「法令」やグローバルルールも遵守の対象にしなくてはならない。

　compliance は，「応じる，従う」意味の comply の名詞形である。語源は，「なし遂げる，満たす，充足する」(fill up) を表すラテン語 *compleō* であり，形容詞形は *complētus* である。complete も同じ語源から生まれた。comply を「要求や命令に従う，応じる」の意味で使うようになったのは 17 世紀半ば頃からとされている。

　日本では最初に書いたとおり，compliance を法令を中心とする公的なきまりを守ることを中心に使う傾向があるが，語源からみても，もともとそうした狭い対象に使う言葉ではない。

　observance は，「(規則などを) 遵守する，遵奉する」を意味する observe の名詞形である。ほかに observation も名詞形であるが，「観察，監視，観測」の意味で使い，「遵守」は英和辞典にはふつう載っていない。observe は ob「…に向かって」と「世話をする，見る，監視する」を意味するラテン語の *servō* から成る。*servō* には「維持する，保持する」の意味もあり，「昔ながらの慣習やしきたりを守りつづける」の意味を経て規則などの「遵守」になった。

　observance は，原義からして慣習や戒律を守ることを中心に使う語であるといってよい。

competition, race
請願，競争

　独占禁止法を anti-monopoly law と訳すことはできるが，competition law「競争法」といったほうがしっくりくる。この法律が，「公正且つ自由な競争を促進」（私的独占の禁止及び公正取引の確保に関する法律1条）することを主な目的とするからである。

　competition の動詞形である compete は，*com*「共に」+ *petere*「求める」を表すラテン語を語源とする。*petere* の名詞形は，*petītiō* で，「攻撃，追求，請願」を意味する。petition の語はここから生まれ，「請願，嘆願」のほかに，「申請，申立，陳情（書），訴状」といった法律用語の意味をもつ。

　competere の原義「共に求める」は，いまの英語でいえば，strive for together「共に何かを求めて努力する，励む」のほか，「互いに張り合う」の意味を含む。すなわち，互いに対立抗争して戦うのではなく，同じ目標に向かって競い合う意味になる。

　competition を「競争」と訳したのは福沢諭吉とされているが，『福翁自伝』（岩波文庫）には，幕府の役人にこの訳語を示したところ，「競争」の「争」の字が穏やかではないといわれたとの逸話が載っている。

　race には，「競争」の意味もあるが，ふつうの英和辞典で最初に載っているのは「競走」である。日本語でもボートレース，カーレースのように使う。

　race の語源は，古期北欧語の *rās* であり，古期英語 *ræs*（= rush）

とも語源は共通する。*rās* は「急流」,「走ること」が原義である。こうした語源に照らすと,辞書に「競走」の意味が最初に出てくることが納得できる。

　race を「競争」の意味で使う場合にも a race for governor「知事選挙戦」のように,順位を競い合う「競争」に使う。「競走」に近い「競争」といったらよいであろうか。もっとも,competition も,日本語で「ゴルフコンペ」と略して使うように,スポーツの競技会や音楽などのコンクール,各種コンテストに使う。

　contest は,「証言してもらう」を表すラテン語 *contestāri* が語源である。日本語にもなっている「コンテスト,競争,競演」のほかは,「抗争,論争」が原義に近い。英和辞典には,a bloody contest for power「血なまぐさい権力闘争」といった文例が載っている。

　不動産取引の分野では,race recording statute「先順位者保護型不動産取引証書記録法」が重要である。これは登録が先になされたかどうかで対抗力を決めることにした立法のことで,文字通り,登録順位の競争になる。

　なお,race には,「人種」の意味の同音異義語があるが,語源が異なる。すなわち,こちらの race の語源にあたるのは,「世代,家族」を意味する古期フランス語の *race* である。

consumer, customer
消費者,顧客

　消費者保護,顧客保護の大きな流れは,2009年9月の消費者庁設置,一部金融機関に利益相反管理とともに顧客保護の体制構築を求める金融商品取引法などの改正(2009年6月施行)となって定着した。

　「消費者」consumer の原語である consume は,*con*「完全に」+ *sūmere*「取る」から成るラテン語を語源とする。原義の「完全に取る」が「使い尽くす,消耗する」となり,やがて「消費する」の意味をもつようになった。

　2010年から,民法(債権法)の改正に向けての審議が法制審議会民法(債権関係)部会で始まった。この審議を通じて,消費者契約などに関するいわゆる消費者私法規定を民法典中に入れるべきか,入れるとしてどのように入れるのがよいかが重要な検討テーマになった。この検討テーマについては,学界,実務界のさまざまな意見が闘わされた。

　法務省による民法(債権法)の抜本的見直しの公表(2006年)を受け民法学者を中心とした民法(債権法)改正検討委員会が,私的研究会としてとりまとめた「債権法改正の基本方針」(2009年3月31日)は,本文の冒頭に近い部分で「この半世紀の間に消費者法は著しい発展を見ており,もはや特別法といってすませることはできない重要性を持つに至っている」とした上で,「消費者契約に関する規定は総則編・債権編の『契約に関する規定群』の中に,適宜,

置くもの」としている。

　こうした立場に反対の論者は，あくまで民法典は基本法であるから一般的な「人」を対象にすべきであって「消費者」といった特定の「人」を対象にすべきではない，消費者法の分野ではその時々の要請に応じて新しい法律の制定やその改正が繰り返されてきたので，基本法典に規定を入れることで機動的で適時な立法対応が難しくなるなどを反対の論拠としている。また，実務界には消費者法規が民法典に盛り込まれることで，消費者寄りの B to C（企業対消費者）の契約解釈傾向を加速するのではないかを懸念する声もある。

　思うに，「消費者」は「労働者」以上に広い範囲の「人」を対象にする。食品を例にとれば，現代社会においてはすべての食品を自給自足でまかなう人はきわめてまれであり，ほぼ全員の国民が「消費者」の立場にある。「食の安全」などが幅広く国民の関心を集めるのは当然のことといってよい。

　食品に限らず，対象物にもよるが，B to C の消費者契約は国民の生活に広く深く浸透している。そうなると，すべての契約に妥当する基本的な消費者法の規定を民法に入れることはいまや自然のなりゆきである。その普遍性からすればそのつど改正の対象になる性格のものではない。とりわけ金融分野においては改策的要求から多くの消費者保護的内容の立法が今後とも必要とされるので，それはそのつど特別法で対応すればよいし，そうすべきである。

　「顧客」を表す **customer** は，custom から生まれた語である。custom はラテン語の *consuētūdō* が語源で，原義には「習慣，慣習，交際」のほか，「慣習法」の意味もあった。「交際，つきあい」が「馴染み（客）」，「顧客（集合的）」の意味に変わっていき，custom ＋ er では，個々の顧客を表すようになった。『語源辞典』を見ると，

customer を「税関史」の意味で使っていたこともあるようだ。

　日本では「顧客第一主義」をスローガンに掲げる企業があり，「お客さまへ」といった親しみを込めた呼びかけをすることがある。他方，customer には口語で「やっかいな人，やつ」といったネガティブな使い方があり，"Dear customers,"のような呼びかけはまずしないことを覚えておきたい。"Dear Consumers,"は，あまり見かけないものの Customers を使うよりはよいかもしれない．

　「お客さまへ」と呼びかけるのであれば，むしろ端的に"Dear Guests,"というべきであろう。guest は「見知らぬ人」を表す古期北欧語の *gestr* が語源だが，いまでは招かれてもてなしを受ける「賓客」を指す語として使う。a guest of honor といえば「主賓」である。広くあらゆる目的で人や場所を「訪れるもの」を表す visitor とは区別したほうがよい。

　ちなみに visitor の元の動詞 visit の語源にあたるのは「見に行く」を意味するラテン語の *visitāre* である。

ecology, environment
環境保護，環境

　環境破壊が招いたとみられる異常気象など，地球規模の環境問題がわれわれの生活に直接大きなかかわりをもつようになった。それとともに，いたるところに「エコ」を冠した商品やサービスなどがあふれている。

　「環境保護」を意味する **ecology** は，ドイツ語の *Ökologie* と語源を共通にし，eco- は，ギリシア語で「家，住宅」(house, habitation) を表す *oik(o)* から派生し，「家政，経済」の意味と「(生活様式などを変化・発展させる素因としての) 環境」(habitat) の意味を表す接頭辞となった。

　いま eco- には，「生態学の」と「環境保護の」という2つの意味がある。ecoclimate は「生態気候（生息地の気候要因の総体)」で，ecoactivist は「環境保護活動家」であり，それぞれの意味で使っている。ただ，ecogeographic は「生態地理的な」であるが，環境の生態面と地理面の双方にかかわる語として使う。ecology にも「生態学」と「環境保護」の2通りの意味がある。ecocatastrophe は，大規模な環境破壊というよりは，環境汚染などによる世界的な「生態系異変」をいうとされる。

　eco- とつくからすべて「環境保護の」意味になるかといえばそうではない。ecodoom では「生態系の大規模な破壊」となるので注意が必要である。日本語の場合，「エコ株主総会」といった使い方でわかるように続々と新語が作られていく感がある。「エコ」を

つければ何でも環境保護ブームにあやかり一定の評価を受けると考えがちである。

ふつうの英和辞典にも ecobusiness「環境保護関連ビジネス」, eco-products「エコロジー商品」あたりまでは出ているが, エコグッズ, エコカーに当たる語は載っていない。ほとんど和製英語ではないかと思われる。

環境のことは **environment** といい, environmental assessment は「環境アセスメント」である。environment は, environ「取り巻く, 囲む」+ ment から成る名詞で, 語源は古期フランス語の *environ*（= surroundings）である。したがって, environment の原義は, 「周囲を取り巻く状況」であり, ここから「環境」といっても「社会的, 文化的, 精神的に影響力をもつような環境」のことだとされる。とはいえ, the environment というと「自然環境」を表すことにも注意したい。

環境法のことは environmental law といい, アメリカの環境保護庁は Environmental Protection Agency（EPA）である。日本の環境省の英語名は Ministry of the Environment となっている。

peace, quiet
平和,平穏

　だれでも知っている英語であるが,語源に遡ることによって正確な使い方がわかってくる。

　peace は「平和」というふつうの意味のほか,Peace と頭文字を大文字にして「和平,講話」を,the peace では「治安,秩序」をそれぞれ表す。justice of the peace は「治安判事」である(60頁参照)。

　peace の語源は,ラテン語で「和平,平和,親善,静かさ」を表す *pax* であり,Romana Pax といえば「ローマの支配による平和」である。

　quiet はふつう形容詞で「静かな,穏やかな」を表すが,名詞で「静けさ,平穏」を表すこともある。法律用語としては,動詞での使い方が重要で,「権原(title)の瑕疵を取り除いて不動産を平穏化する」との意味をもち,quiet-title action で「権原確認訴訟,権原確認手続」となる点に注意が必要になる。

　quiet の語源はラテン語で「静かな(= calm)」を意味する *quiētus* であり,さらにその元は,「休養,眠り」を表す *quiēs* である。

　なお,ふつうに「穏やかな,静かな」を表す英語に calm がある。calm は動詞でも「落ちつかせる」の意味があり,calm down では「(怒りや興奮を)鎮める」となる。calm の語源は「太陽の熱を燃やす」を表すギリシア語の *kaûma* である。calm を法律用語として使うことはほとんどない。

moral, morale
道徳,士気

　それぞれ,「モラル」,「モラール」として日本語で使うことも多く,違う意味で使う。ただ,語源は共通している。

　moral の語源にあたるのは,「道徳,倫理」を表すラテン語の *mōrālia* である。ここからフランス語の *morale* が派生し,そのまま英語でも使うようになった。『語源辞典』によればラテン語の類語 *mōrālis* は,「*Cicero* が *De Fato* 2.1 で GK［ギリシア語］*ēthikós* 'ETHICS' の訳語として用いたもの」という。

　moral には,「(法律や慣習ではなく) 道義に基づいた」,「精神や意思に働きかける」との意味がある。moral law は「道徳律」と訳す。そのため,moral のふつうの意味は「道義にかなった」であるが「精神的な」とも訳す。

　morale は「(軍隊などの) 士気,(労働者の) 勤労意欲,連帯意識」といった moral と共通の語源的意味の一部をとくに表すのに使うことが多い。より語源に近いフランス語による。「士気,気力」は,「精神の高揚した」モラールの高い心の状態である。

　なお,保険の分野では moral hazard「モラル・ハザード,道徳的危険」という専門用語が使われてきた。これは,被保険者の不注意や故意などを原因とする保険会社側の危険・リスクをいい,保険以外の分野でもよく使うようになった。

law, decree
法律，命令

　「法」を意味する最も一般的な英語は law である。自然界の法則から議会の制定する法律まで広く表すが，語源は意外にもラテン語ではない。

　law の語源は，古期英語すなわちアングロサクソン語の *lagu* で，ここから古期北欧語の，「規定されたもの」(thing laid down) を表す語が派生したとされる。そのため，law は，lay「置く，横たえる」と語源を同じくし，lay も古期ゲルマン語から生まれた英語である。

　ラテン語で「法」はどのように言ったかというと，*lex* で表した。「不文律，慣習法」のことは，ラテン語で *lex non scrīpta* といい *lex loci*「行為地法」といった言い方と共に現在でもよく使う。*lex* の複数形は *leges* である。この系統では，「合法的，適法」を legal で表し，「立法」を legislation という (48 頁参照)。

　他方，ゲルマン語系では，「合法的な，適法な」を lawful といい，「立法」を lawmaking という。法は，とくに民主社会においては議会の制定する法律を中心にするが，判例法や慣習法も対象に含む。ただ，ラテン系統の *lex* およびこれから派生した legislation は，ふつう制定法以外を対象にしては使わない。

　law はといえば，どんな英和辞典でも「法，法律」の次に「慣習，慣行」，「規則，掟，法則」といった意味を載せている。それどころか，the laws of God は「神の掟」であり，the Law だけで「モーセ

の律法」である。the new (old) law は「新（旧）約」の意味をもつ。law は，語源的には「規定されたもの」を表す語から発してはいるが，むしろ書かれざる神の法，すなわち自然法的存在である。

　英米法のことをコモンロー（common law）と総称することがある。なぜこのようにいうかについては諸説あるようだが，common law を直訳すると「共通の法」であることにヒントがありそうだ。

　law は，語源的にはゲルマン民族の語に由来するが，ゲルマン民族は各地において固有の慣習法を行っていた。ローマ法は紀元6世紀半ばに東ローマ帝国のユスティニアヌス帝の大立法事業によって法典化されたが，その流れを汲む大陸法の国々においては，制定法主義をとる。日本に「六法全書」のような基本法典を収めた便利な法典集が存在すること自体，法制の基本が大陸法にあることを示している。

　ゲルマン諸部族は，それぞれ部族の掟のようなきまりによって社会を規律していたようである。ローマ人は政治体制や法制度の創出に天才を発揮し，哲学や芸術の世界に優れていたギリシア人と対照的とされたが，慣習を重んじるゲルマン人の社会とも大きく異なっていた。

　民族の大移動でイングランドに渡ったアングル族やサクソン族などのゲルマン部族は，島国であったことも幸いしてローマ法の影響を大きく受けることなく，独自の慣習法を守ったが，状況を一変させたのがノルマン人の征服（1066年）であった。ノルマン征服王朝は，司法の分野でも中央集権的政策を採用して全国共通の法秩序をつくった。この辺りは，田中和夫著『英米法概説（再訂版）』が詳しいので引用する。

「イギリスでは，ドイツと事情を異にし，1066年にイギリスを征服して王位についたノルマン人のウィリアム1世（1066-87）およびその後継者達は，――大陸から封建制度をイギリスに持ち込みながら――中央集権的政策を採った。司法についても，中央に設置した国王裁判所の権限を決策に拡張するとともに，国王裁判所の裁判官を地方に巡回させて裁判を行なわせ，それらの裁判を通して，各地に行なわれていたゲルマンの慣習法を統一して，全国に共通なコモンロー（普通法，common law）を作り上げていった。そのため，ドイツがローマ法を継受せざるをえなくなった時代にも，イギリスには，地域によって法を異にしているため取引の障碍になるという事情は存在せず，ローマ法の征服を免れた。」

　英米法のもととなった各地の慣習法が，イギリス全土に共通の判例法（case law）にいわば格上げされていった過程がよくわかる。一方で同書は，「英米法の特徴の一」として「法の支配」（rule of law）を挙げているが，これこそがゲルマン語に由来するlawの本質を表すものとみられる。

　すなわち，「『法の支配』の法とは，理性に基づく法，殊に基本的人権の保障を基調とする法という意味合いをもち，権力者が我儘勝手に作った法を含まない」のであり，「被治者である一般国民にではなく，主として統治者・権力者に向けられたものであるという含みがある」。また『法の支配』の思想の中には，「当然に『司法権の優位』（judicial supremacy）の思想が含まれている」とする。

　このような内容の「法の支配」は，「法治主義」とは明らかに区別される。同書によれば，「『国王といえども法の下にある』という考え方は，ゲルマンの法思想に由来するのであるが，ゲルマンの法

思想と対立している東ローマの法思想では,『法は皇帝の命令である』,『皇帝の欲するところが法たる効力をもつ』——いいかえると『皇帝は法の上にある』——という考え方をしていたのであって,ヨーロッパ大陸諸国に発達した法治主義は,この東ローマの法思想を背景としているのである。」

　law の語源に遡ってその意味するところを考えてみると,さまざまなことがわかってくる。たとえば,法の支配に裏づけられた司法部優位の思想から違憲立法審査権が導かれる。日本国憲法第 81 条はアメリカ合衆国憲法にならってこれを規定している。

　アメリカでは,法の支配の考え方をイギリスより徹底した。立法府の制定した法律といえども憲法に反する場合は無効とし,無効か否かの違憲立法審査権を裁判所に与えたのである。

　慣習法,判例法の体系とされ,司法部優位で「訴訟の法」といわれる英米法であるが,その本質はすべて law の語から発しているように思える。

　law and order という言い方がある。「法と秩序」と訳しているが,order には「命令,指図」の意味があり,こちらのほうがよく使う。ただ,立法形式として法律の下に位置する「行政命令」のことは decree というのがより正式である。

　decree の語源は,「決められたこと（= thing decided),決断,決心,法令,命令」を表すラテン語の *dēcrētum* である。decree は,とくに中世期に「法令」一般を表した。いまでもフランスでは法令を *dēcret*「デクレ」として表す。

act, statute
法律，制定法

　アメリカやイギリスでは法律名を"〜 Act"とするケースが多い。たとえば，2002年制定のサーベンス・オクスリー法（SOX）は，
"An Act to protect investors by improving the accuracy and reliability of corporate disclosures made pursuant to the securities laws, and for other purposes."
「証券諸法に基づいて行われる会社の情報開示の正確性と信頼性を改善することにより，投資者を保護するための法律」
が正式な名称である。ただ，これでは長すぎるので，同法自身第1条（a）において，'SHORT TITLE. — This Act may be cited as the "Sarbanes-Oxley Act of 2002".'「略称―この法律は，『2002年サーベンス・オクスリー法』として引用することができる」としている。
　なぜ法律をactと称するのか知りたければ，語源を辿ってみるのがいちばんである。**act**の語源は「駆り立てる，動かす」を表すラテン語の*agere*であり，「行うこと，行為」を表すラテン語の*actus*もそうである。ここから，actやactionの最も一般的な意味である「行為，行動」が導かれるのはすぐわかる。
　ちなみに，『新英和中辞典』によれば，actは「短時間の（個々の）行為」をいうのに対し，actionは「通例ある期間にわたって段階的に完了した行為」をいう。
　「行為」や「行動」がなぜ「法律」になるのかがややわかりにくいところであるが，ふつうの英和辞典では，actの2番目か3番目

45

に「決議」の意味があり，そこに an act of Congress（米），あるいは an act of Parliament（英）が，議会が制定した具体的な個々の法律の例として載っている。

そこで，act は立法府である議会の正式な行為，すなわち決議によって制定した法律のこととわかる。広義で「法律」は，「法」と同様で，判例法や慣習法までも含むが，狭義では議会を通過した立法を指す。

この狭義の「法律」が act であり，広義の法律のうち自然法に近いものは law というのが正しい（41 頁参照）。

statute は，「制定法，成文法」と訳されることが多い。議会で制定される「法律」を含むが，これよりも広い意味で使う。statute の語源にあたるラテン語の *statuō* には「立てる，据える，設ける，定める」といった意味がある。

statute と，綴りが似ているためにまぎらわしいが「彫像，塑像」を表す statue は，同じくラテン語が語源で「立てられたもの」が原義である。（4 頁参照）

statute が法令を表すのは，議会その他で「打ち立てられ，定立された（規則）」といった意味合いからである。したがって，自然発生的に生まれた規範や慣習法に statute を使うことはない。あくまで，議会や行政庁の定めた「法令」について使うと考えてよい。

code, legislation
法典，法令

　codeは法律や法令というより「法典」である。現存する最古の成文法典として知られるハムラビ法典のことはCode of Hammurabiという。現在でもフランス民法典として使われているナポレオン法典は，Code of Napoleonである。

　codeの語源にあたるラテン語の*caudex*（= *cōdex*）は，もともと「（木の）幹，株」を意味していたが，「（木などでつくった）書板，筆記帳，本」，さらには「帳簿，会計簿」を意味するようになった。書板は英語ではwriting tabletである。*caudex*は，3世紀から6世紀あたりにかけての後期ラテン語になると，code of law，すなわち「法典」を表すようになった。

　「法典」は，法律には違いないが，体系的に編成された成文法規を指す。日本でも正式名称とは別に，民法典，商法典，刑法典のようにいう。それぞれ英語ではcivil code, commercial code, criminal codeである。

　日本で基本法分野にcodeがあり，「六法全書」といった法典集が存在する事実は，日本法が基本的に大陸法（continental law）の体系に属することを意味する。大陸法は，英米法と並ぶ2大法体系の1つであるが，ルーツは古代ローマ法である。英米法が不文律を旨とする慣習法，判例法の体系であるのに対し，大陸法は制定法主義で成文化した法典をつくるところに特色がある。

　とくに，紀元534年につくられたユスティニアヌス法典（Justinian's Codex of 534 A.D.）は，ローマ法大全（*Corpus Juris Civilis*）と呼ばれ，ローマ法の集大成として大陸法の基礎をなしている。もっとも『ローマ法大全』と称したのは，1583 年に人文主義法学者ゴトフレドゥスが『教会法大全』を意識して刊本の表題に採用して後のこととされる。

corpus は，「法典の集成，全文献，知識や証拠の集積」の意味をもつが，元は「体，死体」を表すラテン語の *corpus* である。

legislation は「法律」とともにそのもとになる「立法措置」や「法律制定」，「制定法」を集合的に表す。その語源は，「法案の提出」を意味するラテン語の *lēgislātiō* である。ラテン語で「法律の，法律に関する」を表す語は *lēgālis* で，いまの legal にあたる。法律そのものは *lex* で，*lēgis* の言い方もある。*lātiō* が「もたらすこと」を表すので，*lēgis* + *lātiō* を直訳すれば「法律をもたらすこと」で「法案を提出する」の意味になる。

lēgis から派生した関連する法律英語は多い。legislature は「立法府，議会」であり，legislator は「立法者，立法府の議員」である。なお，legislate は，legislation からの逆成語で，「法律を制定する」の意味になる。

regulation, rule
規則，規定

　regulation, rule 共に「規則」を表すのに使うが，語源を辿ると同じ語に行きつく。

　regulation の元の regulate は「規則」を表すラテン語の *rēgula* を語源とする。現在の英語 regular の語源でもある *rēgula* は，「ものさし，定規」，「原則，規則」の意味をもつが，原義は「(木や金属の) 長い棒」である。

　regulation は，規則のなかでも，主に取締法規を表す。「交通法規」は traffic regulations である。

　rule の語源も「まっすぐな棒，ものさし」を表すラテン語の *rēgula* である。rule にはいまでも「ものさし，定規」の意味があり，辞書には，a carpenter's rule「折り尺」の例が載っている。

　regulation には現在ではないが，rule には「支配，統治」の意味がある。rule of law は「法の支配」である。rule を「規則」と訳すことは多いが，社会や人の集まりなどで秩序や機能を維持するために相互に守るべき「掟」のようなニュアンスで使われる。

　ruler といえば「支配者，統治者」であるが，ruling には「支配，統治」の意味のほか，裁判官の下す「裁定，判示 (事項)」の意味がある。

　rules and regulations というと，単なる同義語重複ではなく，ネガティブな意味合いで「こまごまとした規則や規定」を表すことがある。

international, transnational, global
国際的

　international は,「国際的な,国家間の」を表す一般的な英語であり,「国際空港」は international airport といい,「国際結婚」は international marriage という。接尾辞 inter- の語源は,between, among,すなわち「間,相互」を表すラテン語,古期フランス語である。

　intercollegiate は「大学間」で,とくに「大学対抗の」を表し,日本語でもインカレと略したりするように「対抗競技会」を表す名詞でも使う。international transaction というときには,nation「国家」間の transaction「取引」という意味と「国際的な取引」という2通りの意味がある。前者では国家が取引の主体だが,後者ではそうでなくクロスボーダー (cross border) での取引を指す。international transaction を「国際取引」と訳すときは,ほとんどの場合,後者の意味で使っている。この場合,国の間とは「国境を越えて」との意味になる。

　transnational は,「国境や民族・国の利害を超えた」との意味で使い,「国家同士の」の意味をもたない。「国際取引」は transnational transaction と訳すほうが一義的で正確である。接頭辞 trans- の語源は across を表すラテン語で,「越えて」,「貫いて」,「他の側へ」を意味するからである。

　transaction は「取引」だが,「他の側への行動」が元の意味で,「処理,処置」から「売買(取引)」も表す。船会社や航空会社の社名に

transatlantic の語を使ったものを見かける。「大西洋を越えた」,「大西洋の向こう岸の」を意味するので,「アメリカから見たヨーロッパ,ヨーロッパから見たアメリカの」ことで,「大西洋横断の」を表す。

global は「地球上の,世界的な,全世界にわたる」を意味するが,globe が「地球」や「世界」を表すところからきている。語源は spherical body「球体」を表すラテン語 *globus* で,「国際取引」を global transaction という場合,限られた地域での貿易取引ではなく,全地球レベルの大がかりな取引を指す。

「国際」は文字どおり国の際(きわ)を意味するので国境の存在を前提としている。ところが,経済活動や市場のグローバル化 (globalization) が進み,国境を意識しない世界を1つの市場とする取引が登場した。グローバリゼーションは,取引における無国籍化を意味するからである。

経済の世界から始まったグローバリゼーションも法律の世界では進展が遅れている。各国が主権の証として独自の法制度をもつから global transaction の実現とはなかなかいかないのが現状である。

ただ日本でも 2009 年 8 月 1 日から施行適用になった国際物品売買契約に関する国際連合条約 (United Nations Convention on Contracts For the International Sale of Goods ウィーン国際物品売買条約) や UNCITRAL (Untied Nations Commission on International Trade Law 国連国際商取引法委員会) 電子商取引モデル法 (1996 年) などグローバルルールを取り入れた global transaction が増えてきた。

compact, convention, treaty
条約

　いずれも「条約」を表すのに使うが，少しずつニュアンスに違いがある。

　compact の語源は，*com + pact* で，「しっかり締める」を表すラテン語である。ここから，「小さくまとめ上げられた」という形容詞の用法が生じる。compact car といえば「小型車」であり，アメリカ英語では compact の1語で小型車やコンパクトカメラを表す。日本語でコンパクトといえば，女性の携帯用「化粧おしろい・鏡・パフ入れ」を表す。もとの英語にもこの意味の用法はある。

　アメリカ合衆国憲法（U.S. Constitution）には，Compact Clauseと呼ばれる条項がある。第1編第10節第3項（Article I, Section 10, Clause 3）がそれで，次のような内容をもつ。

　　No State shall, without the Consent of Congress, lay any Duty of Tonnage, keep Troops and Ships of War in time of peace, enter into any Agreement or Compact with another State or with a foreign Power, or engage in War, unless actually invaded or in such imminent Danger as will not admit of delay.

　「いかなる州も，連邦議会の同意なしに噸数税〔船舶の容量トン数，積荷のトン数に応じて課す税〕を課し，平時に軍隊，および軍艦を保有し他州あるいは外国と協約もしくは盟約を締結してはならず，また，現に侵略されもしくは猶予し難いほど

の急迫の危険にない限り，戦争行為をしてはならない。」

　州が外国や他州と同盟や不可侵条約などを締結することを原則として禁じている。これまで連邦議会は，州境（boundaries）や港，環境・野生動物の保護，治水，環境・矯生上の利権などについて例外的に州が盟約を結ぶことを認めてきた。

　アメリカ合衆国の成り立ちにもかかわる重要な compact が，Mayflower Compact である。これは，「聖なる契約書」と称され，その後のアメリカ社会の基礎となった。1620年11月，メイフラワー号上の船上で，イングランドから航海の末，いまのマサチューセッツ州の沖合にたどりついた41人の清教徒（Puritan）たちが，ウィリアム・ブラッドフォード（William Bradford）の起草したCompact に署名した。

　そこには，"binding the signers under solemn covenant to form a civil body politic to operate under just and equal laws, acts, ordinances, and constitutions to be enacted from time to time for the good of the Colony."「（この盟約に基づき，）植民地の幸福のために最も適切と認められるところによって，適宜，正義公平な法律，命令などを発し，憲法を制定し，かつ公職を組織すべきこととし，われわれ署名者を拘束すべきことをここに誓約する」と書かれていた。

　植民地に理想の社会を建設しようと誓いを立て盟約を結んで新世界への第一歩を踏み出したものと思う。アメリカは，のちに「法律万能社会」といわれるほど，道徳や義理・人情といったいわば非論理的なルールよりも論理的ルールによる規律を重んじる社会になるが，その出発点に compact があったことは興味深い。

　なお，compact は，名詞で使うときはアクセントが最初の音節に

あるが，動詞で使うときは後の音節に移る。形容詞のときはどちらでもよい。

convention は convene の名詞形で，「合致する，集まる，同意する」を表すラテン語 *con + veniō* から派生した。convene は，株主総会など会議を「招集する」を表す語として使う。そこから，convention は会議そのもの，さらに会議で採択される同意，決議すなわち，「協定，条約」を表すようになったとみられる。なお，convention には，「伝統的なしきたり，慣習」といった意味がある。これは原義に近い「同意，決議，契約」が社会の決まり事，社会における習わしに広がったものであろう。

広く国際社会の約束事である国連条約には，convention を使ったものが多い。たとえば，いわゆるウィーン国際物品売買条約（国際物品売買契約に関する国際連合条約）の英文正式名称は，United Nations Convention on Contracts for the International Sale of Goods といい，CISG と略称する。

treaty の語源は，「引きずり込む，扱う，処理する」を意味するラテン語 *tractō* である。ここから，「取引する，交渉する」の意味が生まれ，treaty が「条約，協定」の意味で使われるようになった。

条約は，国連条約のような多国間条約と二国間条約とに大別できる。語源に照らしても前者には convention を，後者には treaty を使うことが多い。いわゆる租税条約のことは tax treaty というが，多国間ではなく二国間で締結されてきた。日本は，アメリカ，中国をはじめ 2011 年 4 月現在 59 か国・地域との間で tax treaty を締結している。ただし，日米租税条約の英文名称は，Convention between Japan and the United States of America for the Avoidance of Double Taxation and the Prevention of Fiscal Evasion with Respect to

Taxes on Income(所得に対する租税に関する二重課税の回避及び脱税の防止のための日本国とアメリカ合衆国との間の条約)であり,convention の語を使っている。

　これは,租税条約は二国間条約の形をとるが,日米租税条約をはじめほとんどが内容的には大幅に 1977 年 OECD(Organization for Economic Cooperation and Development 経済協力開発機構)モデル条約(Model Double Taxation Convention on Income on Capital)に準拠しているためと考えられる。

　treaty の語源に近い意味には「取引,交渉」があるため,「協議,商議」を表すことがある。そこで,secret treaty は「秘密協定」と訳すべきで「秘密条約」ではない。

国名の語源

アメリカ

正式名は，the United States of America「アメリカ合衆国」。アメリカの名は，アメリカへの最初の探検家といわれるイタリア人 *Amerigo Vespucci* のラテン語名が *Americus Vespucius* であることからきた。

オーストラリア

正式名は，the Commonwealth of Australia「オーストラリア連邦」。Australia の語源は，「南風の，南の」を表すラテン語 *austrīnus* であるので，オーストラリアは「南の国」の意味になる。

ブラジル

正式名は，the Federative Republic of Brazil「ブラジル連邦共和国」。Brazil の原義は，「赤ライ麦の土地」である。

イギリス

イギリス全体の正式名は，the United Kingdom of Great Britain and Northern Ireland「グレート・ブリテン及び北アイルランド連合王国」。日本でイギリスという呼び方は，ポルトガル語の *Ingles*「イングレス」，あるいはオランダ語の *Engelsch*「エゲレス」からきたとされている。

イギリスは，当初イングランドのみであったが，その後，周辺の国々を合併して現在の連合王国になった。ふつうイギリス人は自国のことを頭文字をとって U.K. という。ちなみに，Britain の語源は，「ブリテン島の住人」を表す Briton である。

中国

正式名は，the People's Republic of China「中華人民共和国」。China の語源は，中国最初の統一王朝 Ch'in「秦」から。ちなみに china は，中国の名産であった陶磁器を表す言葉として使う。なお，台湾

(Taiwan) は,the Republic of China(中華民国)と名乗っている。

フランス

正式名は,the French Republic「フランス共和国」。France の語源は,「フランク族」を表すラテン語であり,原義はフランク人の国。the Franks「フランク族」は 3 世紀ころライン川流域に住んだゲルマン人で自由民であったことから,frank「フランクな,率直な」とのいい方も生まれた。

ドイツ

正式名は the Federal Republic of Germany。語源は,「ゲルマン族の地」を表すラテン語の *Germānia* である。さらにその原義には諸説があり,「近くに住む人々」,「騒々しい者」が有力である。

インド

正式名は,the Republic of India。インダス川(the Indus)が語源である。

イタリア

正式名は,the Italian Republic または the Republic of Italy。Italy の語源は,古代イタリア南部に住んでいたオスカン人の「牛の国」(land of cattle)を表す *Vitellia* が変形したものとされ,元来は南イタリアの突端部の地名・民族名を表したが,その人々が牡牛を崇拝したところからきたのではとされる。

日本

正式名は Japan。語源は,*jih*「日」+ *pǔn*「本」の中国語。マルコポーロによって *Chipangu* として初めてヨーロッパに紹介された。

韓国

　正式名は the Republic of Korea「大韓民国」。Korea の語源は韓国語の *Koryo*「高麗」でその原義は「高い山やきらめく川」である。

ロシア

　正式名は the Russian Federation「ロシア連邦」。Russian の語源は,「船乗り」を意味する古期ノルド語の *Róðsmenn* である。

シンガポール

　正式名は the Republic of Singapore「シンガポール共和国」。シンガポールのシンボルはマーライオンであるが, シンガポールの「シンガ」は,「獅子」を表す古代サンスクリット語の *singha* から,「ポール」は同じく古代サンスクリット語で「街」を表す *pura* からきている。アフリカでもなくライオンが多く生息していたわけでもない地がどうして「ライオンの街」と名付けられたかについては諸説ある。

II　裁判・救済，情報・知的財産権

　アメリカ合衆国証券取引委員会のシンボルマーク。中の「鷲」の図は，アメリカの国章におけるハクトウワシの図と同じで，盾には13のストライプ，ワシは右足に平和の象徴であるオリーブ（葉は13枚），左足に戦いの象徴である矢（13本）を持っている。数がすべて13なのはアメリカが独立したときの州が13州だったからとされる。なお**MCMXXXIV**とあるのは同委員会設立の年1934を表す。

fairness, justice
公正，正義

　fairness, justice 共に「公正」や「正義」を表す語として使うが，語源からは，使う場面などの違いが浮かび上がってくる。

　fairness の語源は，ラテン系の語ではなく，ゲルマン系の語である。すなわち，元の fair は，「美しい」を原義とする古期英語 *fǽger* から生まれた。ここから「色白の，金髪の」，「(道徳的に)善の，汚れのない」，「公正な」といった意味が派生した。現在は，「公明正大な」との意味で使うことが多い。

　同じ綴りと発音で「見本市，品評会」を fair と称するが，「〜フェア」で日本語化している。こちらは，「休日」を表すラテン語の *fēriae* が語源である。「お祭り，縁日」の意味もあることから「休日」と結びつく。「市場」の意味もあり，「公正な市場」を fair market と訳すならば同義語重複的でまぎらわしい。

　justice の元の just は，「正当な」を表すラテン語 *justus* が語源である。さらにその元のラテン語 *jūs* は「法，法律」を表し，これだけで「法廷」や「司法権」「正当，公正」を表すこともあった。

　justice は，絶対的な正しさを表す語である。これは justice が the Lord, the habitation of justice（神，正義のすみか）のように絶対神との関連で使われてきたことによる。justice が，とくに司法関係で使われることが多いのはそのためと考えられている。

　justice には「裁判官」の意味があるし，the Chief Justice といえば，アメリカでは合衆国最高裁判所長官のことである。また，the

Justice は、ギリシア神話に出てくる正義の女神テミス (Themis) のことで、目隠しをし右手に剣、左手に天秤をもっている。天秤は公平さを象徴し、剣は法を破ったものに対する制裁を表す。目隠しをしているのは、法を執行するにあたり一切の予断や偏見をもたないことを示す。

また、アメリカの司法省は the Department of Justice であり、日本でこれにあたる法務省の英語名は the Ministry of Justice である。

テミス像

access, approach
接近，働きかけ

 access は，一語で「進入路」を表す（access road で「出入用通路，取付道路」とすることもある）。刑事の被疑者に対する「接見，面会」に access を使うことがあり，法律用語としての使い方は多い。

 access は，ac「…へ（方向）」+ cess「進む」から成る。「接近，出入り，発作，増加，付属物，従物」を表すラテン語の *accessiō* が語源であり，cess の部分は，ラテン語で「行く，進む」を表す *cēdō* の完了形である *cessī* が元になっている。

 日本で民事訴訟の改正が行われるたびにテーマになってきたのが国民の利用しやすい裁判制度である。access to Justice を容易にするといった言い方をする。

 approach は，物理的に「（何かに）に近づくこと」から，「（人への）働きかけ」，「（性質，程度などの）近似性」，「（仕事などの）段取り，研究方法」などまで広く表す。語源は「接近する，近づく」を表すラテン語の *appropiō* である。

classic, class
大試合，階級

　classic は，日本語にもなっているとおり，「古典」の意味が最も一般的である。the classic(s) といえば「古典文学」，あるいは，とくにギリシア語，ラテン語などの「古典語」を表す。

　日本でも伝統的な大試合のことを，たとえば競馬のクラシックレースのようにいうが，イギリスで the classic races といえば，Two [One] Thousand Guineas, Derby, Oaks, St. Leger（2000 ギニー，1000 ギニー，ダービー，オークス，セントレジャー）の 5 大競馬レースを指す。

　classic は，of the first rank「最上級の」を表すラテン語 *classicus* が語源である。このラテン語は，ローマ人のうちの「最上階級の」を指すとされており，同じ語源の語には class がある。class は，「種，類」とともに「等級，品等」を表すが，社会的「階級（制度）」も表す。

　そこで class を「上流階級，一流の人々」，「一流，卓越，品格」と訳すこともできる。辞書には

　　She has class. 「彼女には気品がある」

　　the class of the league 「リーグ一のもの［人］」

といった用法例が載っている。

　法律分野でとくに訴訟用語として出てくる語に class action がある。これを「第一級の，高級な訴訟」と訳すのは当たっていない。このタイプの訴訟では大勢の原告集団（class）が被告となった企業に大きなリスクとなって襲いかかることがまれではない。

class action の **class** は,「英語のクラス」というときの使い方に近く,「(一定の) 人の集まり, 集団」を表す。この場合は, 訴訟の原告 (plaintiff) が多数結集したと思えばよい。典型的にはある欠陥製品の被害者 10 万人のうち何割かが原告となって class action を提起する場合などがある。

実際の訴訟においては, クラスアクションへの参加を呼びかける広告が新聞に掲載されたり,「特定できるクラス」があるといえるかどうかの認定が争点になったりする。

アメリカのメジャー・リーグには, class action grievance claiming と呼ばれる一種の ADR (alternative dispute resolution 代替的紛争処理) 手続がある。クラスアクションの名がついてはいるがこの手続は訴訟ではなく, 選手が何人か集まって, メジャー・リーグに設けられた紛争処理機関に「苦情申立て」を行う。メジャー・リーグ野球選手会 (Major League Baseball Players Association) と球団オーナーらとは collective bargaining agreement「団体労働協約」を締結するのであるが, 同協約違反を理由に選手たちが苦情申立てをしたケースが過去にはあった。

classic は, class の本来的意味の延長上で「最も優れた, 最高級の」,「古典的な, 模範的な」の意味をもつ。古典作品の場合, 音楽でも絵画でも長い間高い評価を受け続け, 残った最高級のものであることは確かである。

スポーツの分野でも伝統的な行事, とくに大試合を classic と呼ぶ。ワールド・ベースボール・クラシック (WBC) の場合, 野球の世界一決定戦なので, 最高峰の大試合との意味で Classic の語を付したのであろう。

balance, equity, scale
均衡, 衡平 (法), はかり

「バランスを保つ」のように日本語にもなっている balance であるが, ba「2つの」+ lance「皿」から成り, 原義は「天秤 (の2つの皿)」である。**balance** の語源は, ラテン語で「2枚皿の天秤」を意味する *bilanx* である。

balance は, 一般的な「平衡, バランス」以外では, 法律用語というよりは会計用語の「差引勘定」などに使うことが多い。また, the balance of payments は「国際収支」を表す。

equity の接頭辞 equi- は, 「等しい」(equal) を表す。関連語に equilibrium があるが, これは「等しい天秤」を意味するラテン語から生まれ, さらに「(力の) 釣り合い, 平衡, 均衡」との意味が生じた。equity も同様に「衡平, 公正 (なもの)」を表すが, こちらは法律用語としてとくに重要である。狭義のコモンロー (common law) と並んで英米法を支える2本の柱のうちの1つだからである。その場合, equity は, 「衡平法(こうへい)」と訳され, 一般的法原則の不備を補うルールとされる。ちなみに「衡」は, はかりを意味する。

scale は「スケール」のまま「定規」や「物差し」を表すが, この意味は語源的にはラテン語で「はしご」を表す *scālae* から生まれた。この言葉のさらに元には「登ること」を意味するラテン語 *scandere* がある。これらは中世時代において敵の城を攻撃するのに用いた「攻城ばしご」に使われ, escalator「エスカレーター」などもここから生まれた。

scale には，古代ノルマン語でボウル（bowl）または「皿」を表した *skāl* の系統の語源がある。その後「天秤の皿」，さらに「はかり」を表すようになった。

　他に「計量法，度量の単位，尺度」を表す語に measure がある。weights and measures といえば「度量衡」である。measure の語源は「測る」を意味するラテン語の *mēnsūrāre* である。

　「基準，規格」でよく使う英語は，standard である。「度量衡の標準器，原器」の意味もある。語源にあたるのは，古期フランス語で「集合場所を示す旗」を表した *estandard* である。そこから，いまでも「軍旗，旗」の意味をもつ。the royal standard といえば「国王旗」である。

　現代社会で広くグローバルな「基準」を提供する機関に ISO（International Organization for Standardization　国際標準化機構）がある。ISO は，工業製品の数値的規格だけではない。多くの企業が認証を取得している ISO14000 シリーズを例にとれば，環境保護を内容とするが，有害物質の排出を数値基準を設けて規制しているわけではなく，環境を保護する企業体質，経営システムそのものを規格化し，そうしたシステムを PDCA（Plan，Do，Check，Action）のサイクルでもって継続的に改善することの重要性を強調している。

　2010 年 11 月 1 日に発行された ISO26000（Guidance on social responsibility）は，社会的責任に関する国際規格として，企業に自主的な取組みを求める新しい発想の「規格」である。それは，ISO26000 が，ISO9001：2008（品質マネジメント）や ISO14001：2004（環境マネジメント）などと異なり，認証目的で用いることを意図していない点に表れる。同規格は，社会的責任とは何か，それを実施する上で組織が何に，どのように取り組むべきかに関する手

引を提供することをめざす。また，組織の大小を問わず，先進国，途上国のいずれで活動するかを問わず，民間，公的・非営利のあらゆる組織を対象としている。

　企業の行動基準のことは，standards of corporate behavior といえばよいが,「行動準則」の意味で code of conduct ということが多い。

　また，criteria も「標準，基準」の意味で使うことがある。criteria は，criterion の複数形で，語源にあたるのは，「判断の手段」を意味するギリシア語の *kritêrion* であり，「クライテリア」の日本語にもなっている。

court, forum, venue
裁判所（地）

　法律英語の主要なジャンルに裁判用語，法廷用語がある。その中心に裁判所を表す英語がいくつかある。

　そのなかで最もよく使う英語が court である。東京地方裁判所は，The Tokyo District Court という。テニスやバスケットの試合場を court と呼ぶことは誰でも知っているが，これと裁判所とはどのような関係にあるのだろうか。

　court の語源は，「囲い地」を表すラテン語の *cohort* である。そこから周りを仕切られた庭や方庭（courtyard）を指すようになり，ふつうの人が容易に立ち入ることのできない場所に使うようになった。単に the Court といえば，「宮廷，王宮」を指す。

　したがって court は，「裁判所」というよりは，「法廷」と訳したほうが語源に忠実である。法廷は仕切られた空間になっている。傍聴席には誰でも入れるが，法廷そのものとの間には仕切りの手すりがある。これを bar（語源は「棒」を意味する古期フランス語である）と呼ぶことから，その内側に自由に出入りできる法曹を the bar というようになったらしい。

　court の語源の *cohors* には「（人の）一団」という意味があり，古代ローマの歩兵隊を指したこともある。そこで現在，the court といえば，集合的に「裁判官，判事」を表すことも覚えておいたほうがよい。

　forum は，「公開討論会」を表し日本語で「～フォーラム」などと使

う。語源はラテン語で,古代ローマ市には,公事を行うフォルム(集会場)がいくつもあったそうだが,なかでも中心となったフォルムが *Forum Romanum* である。このフォルムは,the Capitoline Hill と the Palatine Hill の間に位置していた。前者はアメリカの連邦議会議事堂(the Capitol Hill)を,後者は,「宮廷の,宮殿の」を表す英語のもとになっている。

そうした両丘に挟まれたフォルムロマナムは,司法を主に行う広場だったと思われる。実際古代ローマでは,「百人法廷」といって,陪審員(jury)や裁判員をはるかに超える数の市民が参加する裁判が広場で行われた記録もある。現在では,forum を裁判所,裁判地,法廷地を表す語として使うようになった。英文契約書にもしばしば登場する *forum non conveniens* rule「不便な法廷地の原則」は,この用語例である。また,forum shopping「裁判管轄漁り」といって,なるべく有利な裁判管轄地を選ぼうとする動きもある。

venue も「裁判地」を表す語として使う。語源は,「来ること」(to come, coming)を意味するラテン語の *veniō* だが,そこから集まり来る場所,すなわち会合場所,開催(予定)地の意味が派生した。裁判地の意味で使うときは,一般市民である陪審員が裁判の行われる場所に「集まり来る」ことを想定しているので,「陪審裁判の裁判地」が本来の使い方である。

venue には,「犯行地,訴訟原因発生地」の意味もある。「事件の現場」は,裁判地とは別であることがほとんどだが,venue の2つの意味を合わせて考えるならば,「刑事の陪審裁判地」とするのが狭義の使い方であろう。

procedure, proceeding, process
訴訟手続,議事録,訴訟書類

　いずれも裁判手続に関連した用語である。それぞれ語源との関連もあり,テクニカルタームとして使い分けをするので注意を要する。

　procedure も process も語源はラテン語で,*pro*「前へ」+ *cedere*「進む」が原義である。ここから「(進行,行動の)手続き,手順」を表す procedure になった。法律用語としては,「訴訟手続」が最も重要だが,会議の「議事手続」も広く表す。民事訴訟法は一般に the civil procedure law という。

　同じ語源で「手続き」を表す名詞には **proceeding** があるが,こちらは複数形でより具体的な手続き,成り行きを表すときに使うので,Proceeding として「議事録」や「会報」のタイトルにもなる。

　process も proceed から派生した語で,さらに手続き,手順の内容である「過程,経過」を表す。プロセスとしてほぼ同じ内容で日本語になっている。法律用語としては「訴訟手続」の意味もあるが,手続きに使う「令状」や「訴状」をより具体的に表す点が重要である。serve a process on 〜は,「…に訴状を送達する」である。

　英文契約にはよく process agent の語が登場する。agent for service of process「送達代理人」の略であり,被告本人を代理して訴状などの訴訟書類(complaint and summons)を受け取る。

filing, submission
提訴，提出

　filing, submission, いずれも訴訟書類を裁判所に提出するとの意味で使うが，filing のほうは訴え提起段階での「訴状提出」に使うことが多い。

　filing は，file の名詞形である。file は名詞で使うことのほうが多く，日本語にもなっているとおり，「記録，書類，資料」を表す。訴えを提起すると，事件ごとに訴訟記録がつくられることになるが，そのきっかけとなる行為が民事訴訟でいえば訴状（complaint）の提出であり，これを filing という。「訴えを提起する」は file a suit という。

　submission は，submit の名詞形である。submit は *sub*「下に」と *mittere*「送る」が合わさったラテン語が語源にあたる。法律英語としては，各種書類を「提出する」との意味，あるいは，裁判所に対して弁護士が「意見を具申する，上申する」との意味で使うことが多い。

　自動詞としての submit には「服従する」との意味がある。「降参する，甘受する」と訳すほうがぴったりすることも多い。裁判所の管轄権を認めるというときは，その「管轄に服する」との意味であって submit to the jurisdiction of ～のように前置詞 to と共に使う。

claim, demand
請求，催告

　claim は，*clāmō*（= to call out）「叫び求めること」を表すラテン語が語源である。日本語では「苦情・クレーム処理」の語から受けるネガティブなイメージが先行しがちだが，元来はむしろ正当な「権利主張，要求」を意味していた。

　「claim をするもの」には claimer と claimant の 2 つの語を使う。いずれも「主張者，要求者」と訳してよく，なかには claimer = claimant としている英和辞典もあって，後者をより正式に扱っているようにも読める。ただ語源的には，claimer が「権利の主張者」として先に使われ，のちに defendant「被告」などとの類推で claimant を使うようになり，古くは claimand といったこともあるらしい。

　いまでは，より正式な権利主張者，とくに損害賠償請求訴訟の原告の意味としては claimant を使うのが正しい。claimer に，出走馬はレース後規定の価格で売却される対象となり得る競馬の意味を載せる辞書もある。

　demand は，名詞，動詞いずれにも使い，「要求（する），請求（する）」を表し，de「下に」+ mand「委ねる」で entrust「委託する」を意味するラテン語の *dēmandō* が語源である。

　法律用語としては，demand letter が「催告状」になり，日本語にもなっている on demand が「催告・要求あり次第すぐに」を表す点が重要である。また，金融実務においては demand guarantee

というタイプの guarantee がよく使われる。

 demand guarantee の名称がどこから生まれたかといえば，1970年代に入る頃からヨーロッパで実務上使われ始めた on demand guarantee, first demand guarantee, あるいは simple demand guarantee といった呼び名からといってよい。demand guarantee の前に simple, on, あるいは first をつけると，意味はほぼ同じく「単に demand すればすぐに」を表す。

 ICC（International Chamber of Commerce 国際商業会議所）は，1978 年に Uniform Rules for Contract Guarantees（契約保証に関する統一規則 URCG: ICC Publication No.325）を制定した。この URCG は，実務界ではあまり評判がよくなくほとんど使われなかった。債権者による請求に判決か仲裁判断の呈示を要件としていたからである。

 ICC は，1991 年に URCG の Contract を Demand に変え内容も改訂して Uniform Rules for Demand Guarantees（URDG: ICC Publication No.458「請求払い保証に関する統一規則」）を公表した。この URDG は，世界銀行が承認したことから徐々に使用が広がった。ICC は実務界の要請に応えるべくさらに URDG を改訂することにし，2007 年に銀行委員会および商取引法実務委員会による共同改訂作業にとりかかった。

 その結果，2009 年 12 月 3 日，ICC 理事会は，改訂 URDG（ICC Publication No.758）を決定し，2010 年 7 月 1 日から実施した。

action, suit, litigation
訴訟，請願，民事訴訟

　広く訴訟を表す英語であるが，訴訟にも民事訴訟，刑事訴訟の区別をはじめいくつかの種類がある。これらの語の使い分けも必要になるので，語源からしっかりおさえるのがよい。

　action は act の名詞形であるが，act が「事件」や「法令」といった法律用語として使われ出したのと同じ頃（14 世紀）から，「訴訟」を表す語として使われているとされる。

　action の語源にあたるラテン語の *actiō* は，「実行，行動」とともに「訴訟（手続），訴権，起訴」を表す語として古くから使われてきた。とくに，古代ローマ法においては，*actio in rem*「対物訴訟」と *actio in personam*「対人訴訟」の区別があった。

　suit の語源は，「追随する，ついて行く，続いて起こる」を意味するラテン語の *sequi, sequor* である。これがノルマン征服王朝時代に取り込まれてアングロ・フレンチの *siute* になり，suit になったとされる。

　suit には「スーツ，背広」の意味があるが，これは原義の「随行」から「随行員，従者の服」との意味が生じたところから来たと考えられる。suit の原義には，「領主の御前への伺候，裁判所出廷」，「請願」，「求婚」の意味があり，ここから「訴訟」の意味になった。lawsuit ということもある。

　いずれも「訴訟」を表す action と suit との関係であるが，かつては民事訴訟のうち action はコモンロー（common law）裁判所に

起こす訴訟に，suit はエクイティ（equity 衡平法）裁判所に起こす訴訟に使い分けられていた。いまでは両裁判所の区別がなくなり，使い分けもしなくなったが，「訴訟を提起する」は bring an action, あるいは file a suit のように表現を分けるのがふつうである。

　民事訴訟は，法的な救済を求めて起こされる。中世のイギリスにおいて，コモンローを運用した国王裁判所では救済が与えられなくとも衡平の見地から救済が与えられるべきと考える者は，国王に請願をした。請願は，「国王の宮廷」（King's Court, *cūria regis*）の主要メンバーであった大法官（the Lord Chancellor）に送付されるようになった。

その後請願の数がふえると，大法官府（the Chancery）に直接申立てられるようになり，エクイティのための裁判所ができた。

エクイティ裁判所で与えられる救済は，コモンローの下での原則的救済としての損害賠償請求に対して例外的な特定履行（specific performance）や差止請求（injunction）に代表される。

　litigation はいまはほぼ「訴訟」だけを表す語であるが，民事に使い，刑事にはふつう使わない。元の litigate の語源は「論争，訴訟，争点」を表すラテン語の *lis* である。ここからラテン語で *lītigiōsus*「論争好きな，訴訟好きな」が生まれ，いまの litigious になった。「訴訟社会」は litigious society という。

judge, jury, finder
裁判官，陪審，事実認定者

　ごくふつうに「裁判官」を表す英語は judge である。日本ではスポーツ，たとえばボクシングの審判のことを「ジャッジ」というので一般化して使う。

　judge の語源は，「法を語る者」を表すラテン語 *jūdex* である。*jū* の部分は，「法，法律」を表す *jūs* と同じであり，*dex* の部分が *-dicus* と同じで「話すこと」となる。justice は *jūs* から生まれた語で，「正義，公正」といった意味のほか「司法官，裁判官」の意味をもつ。アメリカでは連邦や一部の州で最高裁判所判事の称号として "Justice 〜" と使う。広く "Judge 〜" のような言い方もする（60 頁参照）。

　jury は「陪審」である。陪審審理（trial）を行う場合は，ふつう 12 人の陪審員（juror）が事実の認定（fact-finding）などを行い，裁判長に結果を報告する。なぜ「12 人」かについては，キリストの使徒が 12 人であったからとの説があるが定かではない。

　jury の語源は，「誓う」（swear）を意味するラテン語の *jūrō* である。法の下で厳正かつ公正な判断を下すことを誓った者たちが原義であろう。ちなみに jury は集合的に使うので，「陪審員団」と訳すこともある。

　jury には刑事の分野では被疑者を起訴するかどうかを判断する grand jury「大陪審（通常，陪審員の数は 33 人）」と公判審理にあたる petty jury「小陪審」がある。

英米法は陪審裁判を通じてつくられた判例法（case law）の体系である。陪審制（jury system）はイギリスにはじまったとされるが，これを受け継いだアメリカで刑事事件のみならず民事事件においてもより広範に行われている。そうした裁判制度の下で，裁判官または陪審員のことを **finder** ということがある。これは，証拠のなかから「事実を見出す者」（fact finder）との意味である。

陪審審理は，事実認定は陪審員が行い，これに基づく法律判断は裁判官が行うといった，いわば「分業体制」で行われる。ただ，すべての裁判で陪審審理が行われるわけではなく，裁判官が両方の役割を行う bench trial がある。この場合，finder は裁判官である。ちなみに，the bench は集合的に使うこともあり「裁判官（席）」や「法廷」を意味する。

日本で 2009 年 5 月から始まった裁判員制度は，一般人が訴訟手続に参加する点で陪審制と共通するが，刑事事件のみを対象にするなど，いくつかの点で異なる。（下記比較表参照）

	陪審員	裁判員
人数	12 名（原則）	6 名（原則）
裁判への関与	裁判官から独立 （評議も陪審員のみで行う）	裁判官とともに関与 （評議も裁判官と行う）
評決	全員一致（原則）	多数決（ただし，多数派に裁判官と裁判員の双方が必要）
権限	事実認定（有罪・無罪）	事実認定（有罪・無罪），法令の適用，刑の量定
控訴	事実誤認を理由にできない 無罪判決に検察官控訴できない	事実誤認を理由にできる 無罪判決に検察官控訴できる

attorney, bar, lawyer
代理人，法曹（界），弁護士

　attorney, bar, lawyer の 3 語いずれも「弁護士」と訳すことができるが，国や地域による弁護士制度の違いやそれぞれの語源に基づき訳し分けたほうがよい場合がある。

　attorney の語源は，「割り当てる，任命する」（= to assign）を意味する古期フランス語 *atorner* である。ここから，（法的な権限を）「委任する，託する」，さらに「委任された者」を表すようになった。したがって attorney は，代理人，弁護士だけではなく「法務長官」（= attorney general）も表す。なお中期英語では general attorney といっていたが，語順が変わったのはフランス語の影響による（『語源辞典』より）。

　bar が法曹（界）を表すようになったことについては，語源に遡って説明する必要がある。**bar** の語源は，「禁止する」を表す古期フランス語の *barrer* である。現在も bar には動詞で「禁ずる」といった意味がある。ただ，bar をふつうの英和辞典で引くとまず出てくる意味が名詞で「棒，横木」であり，走り高跳びのバーを思い浮かべればすぐ納得できる。

　昔も今も「立ち入り禁止」を示すには横木をわたすのが一般である。そして，どこの国の裁判所においても法廷には傍聴席と法廷そのものとを仕切る横木あるいは柵がある。この「横木・柵」の内側で仕事をする法律専門職，法曹のことを the bar というようになった。ちなみに酒場のことをバーというのは「カウンターの横木から

の喚喩」とされる。

英和辞典には, go to the bar を「弁護士になる」と訳して文例に掲げることが多い。これは, アメリカのように法曹一元制の下で, 裁判官, 検察官, 弁護士のいわゆる法曹三者の資格のベースに弁護士資格を置く場合の訳であって,「法曹界に入る」と訳すほうが正確である。

lawyer は law「法律」+ yer「人」(-er と同じで, とくに w のあとに使う) から成り, 法律家を表す。語句の成り立ちからいっても「法曹」よりもさらに広く, 法律学者も含んで使うことができるが, 一般に「弁護士」を表すのによく使う。

アメリカでは弁護士のことを attorney ということが多く, とくにアメリカの弁護士にもらう大半の名刺には, 肩書として, attorney-at-law と書かれてある。これに対し, イギリスでは弁護士は, barrister か solicitor であって, attorney はほとんど使わない。

イギリスでは, かつてコモンロー裁判所での下位弁護士を attorney (-at-law, at-law はコモンロー上のを意味する) と称していたが, attorney は, 16 世紀後半に barrister の団体である Inns of Court から追放され, 次第にエクイティ (衡平法) 裁判所の solicitor (-in-equity), 教会法や海事法分野の裁判所の procter と一体化され, 1873 年最高法院法 (Supreme Court of Judicature Act, 1873) によって統合されてからは solicitor of the Supreme Court と呼ぶようになった。

barrister, solicitor
法廷弁護士，事務弁護士

　イギリスあるいは英連邦（the Commonwealth）の国々における二元的な弁護士資格制度の下での呼び方である。

　barrister は，訴訟における代理を中心に活動するので「法廷弁護士」と訳し，solicitor の「事務弁護士」と区別する。**barrister** は，法廷や法曹界を表す bar から生まれ，bar + i + ster から成る。末尾に ster が付くのは，「大臣，聖職者」を表す minister からの影響ではないかとされる。また，「昔，法学院で学生が bar（講堂で法学院の幹部の席を区切っていた仕切り）に呼ばれて模擬裁判を行うことを to be called to the bar といったことからこの名称が生じた」ともいう（『語源辞典』より）。

　solicitor は，solicit「請い求める，勧誘する」+ or「人」から成るが，solicit の語源は，「激しく動かす，悩ます，そそのかす，誘惑する」を意味するラテン語の *sollicitō* である。「事務弁護士」と訳すが，一定の下位裁判所では法廷での代理権が与えられている。そこで，solicitor を「事務弁護士」と訳すのは正確ではない。イギリスでは，1873 年最高法院法（Supreme Court of Judicature Act, 1873）以降，それまでの attorney, solicitor, proctor を統合する資格として Solicitor of the Supreme Court がつくられたのであり，solicitor は，barrister と独立かつ対等の資格とされている。

defendant, plaintiff
被告，原告

　訴訟の対立当事者の呼称である。

　defendant は，de「離れて」＋ fend「打つ」から成る defend が元の語で，defend の語源は，ラテン語で「防ぐ，遠ざける，阻止する，保護する」を表す *dēfendō* である。

　defendant は，「被告」というだけではなく，中世には「決闘裁判（wager of battle）において債務を否定した上訴人（appellant）の異議を受けて立つ人」の意味に使われたこともある（『語源辞典』より）。

　plaintiff「原告」の元の語は「告訴状，訴訟申立て」を表す plaint である。「訴状」のことを一般に complaint というのはここからくる。plaint の語源は，「嘆き悲しんで胸を叩く」を表すラテン語の *plangere* である。ここから「苦情をいう」といった意味になり，「告訴する，提訴する」になった。

　なお損害賠償請求訴訟における原告のことは claimant ともいう。「クレームを申立てるもの」との連想からくる単なる苦情申立人ではない（72頁参照）。

enemy, opponent, rival
敵，対抗勢力，競争相手

　enemy は「敵」を表す最も一般的な英語である。the enemy では，集合的に「敵軍」を表す。enemy の語源にあたるのは，「敵対する，対立する」を表すラテン語の *inimīcus* であり，*in*「否定」+ *amicus*「友，味方」から成る。アメリカの民事訴訟においては *amicus curiae*（= friend of the court）「法廷助言者」制度がある。

　opponent は，「相手方，反対者，対抗勢力」などを表す。**opponent** の語源にあたるのは「向かい側に置く，向かい合わせる，（敵に）対峙させる」を表すラテン語の *oppōnō* である。ここから，oppose「対抗する，敵対する」，opposite「反対（側）の，対立する」といった関連語が生まれた。

　rival は，ライバルの意味するとおり「好敵手，競争相手」であるが，「仲間，同士」の意味もある。法律用語として使うことはあまりない。語源は，「川岸」を表し，river「川」の語源であるラテン語の *rīpa* と共通するとの説もあるが，いずれにしても原義は同じ川の流れを共同に使うものではないかとされる。

answer, reply, response
答弁（書），回答，応答

　共通する意味は「答え」であるが，法律用語としては answer と reply が訴訟手続上重要である。

　answer の語源は，古期英語で swear against（charge）を表す *andswarian* である。ここから，answer の原義は，「やり返す，応酬する」，名詞では「応酬」である。法律用語として重要なのは，民事訴訟における原告の訴状（complaint）に対して被告の提出する「答弁（書）」を表す点である。

　reply の語源は，「折り返す，（書物を）開く，思いめぐらす，再抗弁する」を表すラテン語の *replicō* である。reply は，answer より公式的に使い，「答える」といっても，質問や要求などに対するよく考えたうえでの返答を意味する。訴訟手続のなかでは，被告の答弁（answer）に対する原告の再反論が reply で「第 2 の訴答」あるいは，「再抗弁書」とも訳す。

　response は respond の名詞形であるが，answer や reply のような訴訟用語としての意味はとくにない。何かに対し言葉や動作で即座に反応することを一般に意味する。respond の語源は，ラテン語で「答える，返答する，出廷する，（債務を）履行する」を意味する *respondeō* である。このラテン語にも「債務を弁済して責任を果たす」が含意されているように，resonse は，responsibility「責任」と同じ語源から生まれた（213 頁参照）。法律用語としての response は，さらに狭く，「賠償責任を果たすこと」を意味する場合がある。

evidence, proof, testimony
証拠（物），証拠，証言

　訴訟は，民事，刑事を問わず証拠の争いである。その「証拠」を表す英語の代表格が evidence であるが，proof を使うこともある。proof は，burden of proof「立証責任」と使うように「証明」が原義である。

　evidence の元の語は，「明白な」を表す evident である。evident は，e（ex- の変形）+ *vidēntem*（見ること= to see）から成り，「はっきりした」を表すラテン語の *ēvidēntem* を語源とする。evidence は，証明の手段となる証拠全般を表すので，「証言」も対象に含んで使う。

　proof は，prove「証明する」の名詞形であり，「証明」そのものを表し，証明の手段である証拠も表すようになったと考えられる。prove の語源は「試す，証明する」を表すラテン語の *probāre* であり，probable「ありそうな」もここから派生する。

　testimony は，言葉による証拠，なかでも法廷において宣誓した上での「証言」を表す。**testimony** の語源に当たるのは，ラテン語で「証人（= witness）」を表す *testis* である。

　「証言」を表す語としては他に attest があるが，この語は witness と共に，契約証書作成にあたる「立ち会い証人」を表す。ラテン語の *at + testāri* が語源で「証人になる」が原義である。

oath, swearing
宣誓，誓い

　oath, swearing ともに法律用語として「宣誓」を表すが，語源的には古期英語がもとになっている。

　oath の語源は，ドイツ語で宣誓を表す *Eid* と共通し，古期英語の *āp*, あるいは *āth* である。official oath は，公職に就くのに必要とされる宣誓である。

　swearing は swear の名詞形で，swear の語源は古期英語で「誓う」を意味する *swerian* である。民事裁判で「答弁」を表す answer は，やはり古期英語の *andswerian* で swear against の意味からくる。アメリカ合衆国憲法第 2 編第 1 節第 8 項（Article Ⅱ, Section 1, Clause 8）は，次のように述べ，"Oath" の内容として動詞の swear を使っている。

> Before he enter on the Execution of his Office, he shall take the following Oath or Affirmation: — "I do solemnly swear（or affirm）that I will faithfully execute the Office of President of the United States, and will to the best of my Ability, preserve, protect and defend the Constitution of the United States."
> 「大統領は，その職務の遂行を開始する前に，次のような宣誓または確約をしなければならない――『私は，合衆国大統領の職務を忠実に遂行し，全力を尽くして合衆国憲法を維持し，保護し，擁護することを厳粛に誓います（もしくは確約します）。』。」

disclosure, discovery
(情報) 開示，証拠開示手続

　disclosure，discovery の語に共通する接頭辞 dis- は，名詞につくと「不…，非…，無…」の意味の語をつくる。

　「ディスクロージャー」の語でよく知られ，「財務情報などの開示」を表す **disclosure** は，dis + closure から成り，disclose「明らかにする，開示する」の名詞形である。disclose の語源は，古期フランス語の *disclos-* であり，close は「閉じる」を意味する。

　discovery は，かつて「ディスカバー・ジャパン」という鉄道会社の標語があったが，その discover の名詞形である。discover は，dis + cover でわかるように「cover を無くする」，「(未知の物事を) 発見する，見つける」を意味する。discover の語源は，古期フランス語の *disco(u)vrir* である。

　discovery は，とくにアメリカの民事訴訟制度において高度に発達した証拠開示手続を表す語として重要である。ディスカバリーは，陪審員の前での審理 (jury trial) に先立ち，当事者間で文書提出要求などを中心に行われる。いわば手持ちのカードを見せ合うことによって早期の合理的な和解を促進するというフェアプレーの精神に基づく。アメリカの連邦民事訴訟規則は，いわゆる E ディスカバリーについての改正を行い，2006 年 12 月 1 日施行した。改正のポイントは電子的に保存された情報 (electronically stored information) を対象とするディスカバリー手続きを明記した点にある。

doubt, suspicion, wonder
疑惑，容疑，奇跡

doubt は,「疑い,不信」を表すが,語源は「ためらうこと」を意味するラテン語の *dubitō*,あるいは古期フランス語の *doubter* である。現在も in doubt といえば,「疑って」とともに「ためらって,迷って」の意味がある。doubt は「不信」と訳すこともあるが,相手を本当に信用してよいものかのためらいが,「疑念」,「不信」へと発展するのがふつうである。なお,刑事訴訟の分野で使う beyond reasonable doubt は「合理的な疑いの余地なく」である。

suspicion の語源にあたるのは,「疑い,疑念,予感」を意味するラテン語 *suspiciō* である。suspicion は suspect の名詞形であり suspect は sus「下から」+ spect「見る」から成り,spect の語源はラテン語の *specere*「見る,観察する」である。suspect は,「容疑者,注意人物」の意味をもち,suspected bribery といえば「贈(収)賄の嫌疑」である。

wonder にも「疑念,不信」の意味があるが,ふつうの意味は「驚異,驚き」である。**wonder** の語源は,「奇跡(= miracle)」を意味した古期英語 *wundor* であり,ここから「驚くべきこと,不思議」,「驚き」になった。wonder が法律用語として使われることはほぼない。

award, prize
裁定・仲裁判断, 賞金

　いずれも「与えられるもの」を表す語であるが，法律用語としてより重要な使い方をするのは award である。

　award は，Academy Award「アカデミー賞」で日本でもおなじみである。**award** の語源は，古期フランス語の *esguarder*「遵守する，決定する」である。強勢の接頭辞である a- と es- を外すと「被後見人」を表す ward と「守る人，監視」を表す guard に近くなる。ward と guard は語系が違うだけの二重語であり，warranty と guaranty（共に「保証」と訳す）のように w で始まる語がゲルマン語系，g で始まる語がロマンス語系である。

　award は，原義から「何かを審理し決定した上で授与する（こと）」を意味するので，ここから法律用語として，「裁定（書）」，「損害賠償などの裁定額」，「給付判決」を広く表す。award は，とくに仲裁（arbitration）において仲裁人が下す裁定すなわち仲裁判断を指して使う。

　prize は，award に比べれば，同じ「賞」を表すことはあっても，より一般的な意味合いで使う。**prize** の語源は，古期フランス語で「価格」を表した *pris* で，いまでもイギリス英語では prise と綴る。Nobel Prize「ノーベル賞」のように「賞，賞金」として使うほか，「懸賞金」，「景品」としても使う。

appeal, trial
上訴，審理

　裁判用語としてこれら2つの語は，関連づけて理解するのがよい。trial は裁判などの「審理」を表すが，「第一審」手続，厳密には陪審員による「事実審」にしか使わない語である。

　appeal は，「アピール」という日本語とほぼ重なる意味で使うが，法律用語・裁判用語として「上訴」，「控訴」，「上告」の意味が重要である。a court of appeals は「控訴裁判所」である。

　appeal は，*ap*「…へ（方向）」+ *pellō*「打つ，駆る」のラテン語から成り，「乞う，申し込む，訴える」の意味のラテン語 *appellāre* には「プラエトルから護民官に上告する」といった使い方もあった（『羅和辞典』より）。

　代表選手選考会のトライアル・レースといった trial の使い方は日本でも行う。これとは別に法律用語として「裁判，公判，審理」の意味がある。

　trial は try「試す，（事件を）審理する」の名詞形で，try の語源は「選ぶ，見分ける，移す」を表す古期フランス語の *trier* とされている。「審理」の意味の trial は，*Black's Law Dictionary*（8th Edition）によれば "A formal judicial examination of evidence and determination of legal claims in an adversary proceeding"「対審手続における正式な司法上の証拠調べおよび法的主張の判断」とされており，法律審ではなく事実審を指す。

　アメリカにおいては，民事でも事実認定は原則として陪審（jury）

が行うことになっており，これを jury trial といい，陪審員ではなく裁判官による事実認定が行われる場合は bench trial といって区別する。証拠調べなどが行われるのは，原則として第一審であるので，trial といえば第一審の事実審理を指すことが多い。

　アメリカの裁判制度は，連邦 (federal) と州 (state) の2本建てになっており，一部の州を除きいずれも三審制を原則としている。通常の民事訴訟で trial court は，連邦裁判所でいえば各州に1つは置かれている district court である。第二審は，court of appeals で全米に 13 ある（地域割り以外では，知的財産権専門の控訴裁判所 (CAFC) がワシントン D.C. に1つある）。

　第三審は，合衆国最高裁判所 (U.S. Supreme Court) で，ワシントン D.C. にある。合衆国憲法の規定によれば，同裁判所裁判官の任期は「非行がない限り」(during good Behavior) 終身とするとされている。

protest, objection
抗議，異議

　共に「異議」の意味で使うが，語源からよく調べると，使う場面が異なることがわかる。

　protest は，pro「前に」+ test「証言する」，すなわち「人前で証言する」を意味するラテン語から生まれた。「抗議，異議」がもともとの意味ではなく，「証言，確言」を表すのが原義といってよい。ある英和辞典には protest friendship「友情の変わらないことを誓う」とある。

　法律用語としての protest は，「約束手形などの拒絶証書を作る，支払いを拒絶する」との用法が重要である。名詞では「拒絶証書」になる。海事法の分野で letter of protest は「海難報告書」であり，イギリスの議会（とくに上院）では通過議案に対する「少数意見書」を protest という。よくレターに under protest と表明する。一般には「いやいやながら，しぶしぶ」の意味だが，法律用語としては，留保文言的使い方と考えるべきである。

　損害賠償問題で和解交渉中の相手方と賠償額について意見の対立があるときに交わすレター中の under protest は，支払債務の有効性，範囲について「異議を留保しつつ」の意味に理解すべきことがほとんどである。

　この用法の protest につき *Black's Law Dictionary*（8th Edition）は "A formal statement, usu. in writing, disputing a debt's legality or validity but agreeing to make payment while reserving the right to recover the amount at a later time. The disputed debt is described as *under protest*."「通常は書面の正式な声明書で，債務の合法性または有効性を争うが，その金額をのちに回復させる権利を留保しつつ支払いをなすことに同意をする。争いのある債務を『異議を留めて』のように記述する」と説明している。

具体例で考えてみよう。いま X は Y に対し，契約違反を原因として 1 億円の損害賠償を請求している。Y は，3 千万円までの賠償義務があることは認めているが，残り 7 千万円につきギャップを埋められず交渉はデッドロックに乗り上げた。

Y としては，このままの状態で交渉をつづけると X との契約に基づいて年率 14％の遅延損害金を支払わなくてはならないので，争っていない 3 千万円分についてはこの段階で支払って"余分な"遅延利息の発生を防止することにした。ただ，そうすることで残りの 7 千万円分について和解交渉が不利になっては元も子もない。そこで，登場するのが，3 千万円の支払いを通知するレター中の under protest 文言である。

under protest によって disputed な 7 千万円分について異議を留保していることになるので，payment in full「（賠償額はこれですべてとの意味を込めて）全額の支払い」の気持ちが込められており，未払分はありませんとの趣旨で，"Payment in Full" と注記することもある。

objection の語源は「前に投げること，置くこと」を表すラテン語の *objectiō* である。相手の前に出すのは，眼に見える物とは限らない。理由を示して反対することも object といい，ここから「異議を唱える，抗議する」の意味が導かれる。objection には「反対」だけでなく，「（何かに対する）反対理由」の意味もある。

法律用語としての objection は，裁判手続の中で審理の途中で出される「異議」としての使い方が重要である。

　object には，「前に投げ出された対象物」の原義から「目標，対象物，目的」の意味がある。ここから転じてコンピューター用語で object といえば，コンピューターの処理の対象になるひとかたまりのデータをさす。object code は，object language ともいい，コンパイラー（compiler）で翻訳先の「機械言語」である。

arbitration, conciliation, mediation
仲裁，あっせん，調停

いわゆる ADR（alternative dispute resolution 代替的紛争解決方法）として裁判に代わる紛争解決手段を表す英語を抽出した。

arbitration は，「仲裁」と訳すのがふつうであるが，広義では，仲裁だけではなく，あっせん，調停などから場合によっては裁判まで含んで紛争を裁定する手段全般を意味する。arbitration「仲裁」は，民間機関による手続きとはいえ仲裁人が下す判断（award）は判決と同じ執行力をもつ。**arbitration** の元の語である arbitrate は，「決定する」を表すラテン語の *arbitrārī* が語源である。

arbitration の語源はラテン語 *arbitrātiō* で，judge「裁判官」や witness「証人」の意味をもった arbiter（女性名詞は，arbitress）から派生した。同じ語源の語に arbitrage がある。「アービトラージ」として日本語にもなっているが，同じ通貨や証券を異なる市場で同時に売買し，市場間の価格差を利用して利益を得る裁定取引，あるいは鞘取り売買を指す。

conciliation の語源は，「集める，一緒にする，味方に引き入れる」を意味するラテン語 *conciliō* である。ここから，「和解，調停，あっせん」の意味が生まれたことは容易に想像がつく。conciliation の元の語である conciliate は，「結びつける」を意味するラテン語 *conciliō* が語源で，*conciliātiō* が「結びつき，懐柔」といった意味をもつ。ここから conciliation の原義は「争いの双方をなだめて和解させること」であるとわかる。

mediation は,「半分にする」が原義の mediate の名詞形である。語源は,「真ん中で分ける（= to divide in the middle）」を表すラテン語の *mediāre* である。そこで，乱暴な言い方をすれば,「足して 2 で割る」式の和解にもっていくのが mediation であるといえよう。mediation は一般に「調停，あっせん，仲介，和解」を広く表す語であるが，国際法の分野で「第三国による仲介」を表すなど，conciliation よりは公式的な使い方をする。

mediation の元の語である mediate の語源は,「中央の，真ん中の，中間の，中立の」を表すラテン語の *medius* である。この語からは middle の語も生まれた。mediate は，mid「真ん中の」+ ate「…にさせる」から成るので，争い，あるいは取引の当事者の間に入って「仲介する，あっせんする」との意味になる。

conciliation と mediation は，いずれも「あっせん」または「調停」と訳してもよいが，厳密には訳し分けたほうがよい。

たとえば，アメリカの統一メディエーション法（Uniform Mediation Act）は mediation を「紛争を当事者自身が自発的に合意に達することができるように，メディエーター（mediator）が当事者間のコミュニケーションや交渉を促進するプロセス」をいうとしている。これは日本における「調停」とは異なる。

すなわち日本の民事調停（民事調停法）は，当事者間の対話を促進するにとどまるものではなく，解決策を提案するところが主だからである。日本の「調停」は conciliation と訳しておいたほうが無難であろう。

dispute, trouble
紛争，災難・障害

　dispute は「紛争，けんか」といったふつうの意味にも使うが，法的紛争にも使い，labor dispute といえば「労働争議」である。

　dispute の語源は，「よく調べる，明らかにする，討論する，議論する」を意味するラテン語の *disputō* である。*dis*（= separately）+ *purāre*（= to clean, prune, reckon）から成ることから，原義は「別々に計算して合計する」ではないかとされる。ただ，*dis*「別々に」+ *pute*「考える」を表すところから，「議論をする，意見を闘わせる」との意味が生まれ，「紛争」にもなったと考えられる。

　ADR（= alternative dispute resolution）は，「代替的紛争解決手段」と訳され日本でも普及しはじめている。とくに 2007 年 4 月 1 日から「裁判外紛争解決手続の利用の促進に関する法律」（いわゆる ADR 法）が施行になったことから，2007 年は日本における「ADR 元年」とされている。

　trouble の語源は，「かき回す，濁らせる」を意味するラテン語の *turbidō* である。ここから trouble の「心配事，悩み，苦労，迷惑」といった意味が生まれる。法律用語としては，labor trouble(s)「労働争議」の使い方が重要で，money troubles「金銭上のもめごと」のようにも使う。

resolution, solution
決議，解決

　これら2つの語は，形の上で似ているし，「分解，分離」という同じ意味でも使う。ただ，それぞれ法律用語として重要な使い方をする。

　resolution は，resolve の名詞形である。resolve は，「解く，ほどく，ゆるめる（= loosen）」を表すラテン語の *resolvō* が語源である。このラテン語には「(借金を) 返済する，(ある状況を) 終わらせる，無効にする」といった法律的な意味もある。

　現在，resolution の法律用語的で最も重要な用法の1つは，取締役会などの組織の会議体における「決議」の意味においてである。

　solution は，いま「ソリューション・ビジネス」といった具合で，日本語化してさかんに使うようになった。solution は solve の名詞形で「(問題などの) 解決，説明，解答」を意味する。

　solution の元である solve の語源は，「解く，ほどく，解放する，分解する，解決する，弁済する」を表すラテン語の *solvō* である。

harm, injury
損害，権利侵害

　harm の語源は，「(深い) 悲しみ」を表す古期英語の *hearm* である。そこから「害，危害，損害，不都合」の意味で広く用いるが，injury よりも意味が強いとされる。

　harm の形容詞形で，「有害な，害のある」を意味する harmful の反対語は，「無害な，害を与えない」を意味する harmless である。英文契約には，通称ホールド・ハームレス条項 (hold harmless clause) と呼ばれる条項を入れることがよくある。hold harmless を直訳すれば「無害に守る (保つ)」であるが，indemnify「補償する」とほぼ同義で使う。

　injury は，広く事故などによる「傷害」や「損傷」を表すのに用い，personal injury といえば人身被害である。ただ injury の語源をたどるとラテン語の *in + jūria* に行きつき，「不正，不法」を意味した。そこで法律用語として「権利侵害」，「違法行為」，なかでも「名誉棄損」を表すのに用いることがある。

　なお，「傷害」でも，刃物や鉄砲による「傷」のことは wound という。

　なお，広く「損害」を表す英語に damage がある。damage は「損傷，傷」を表し，日本語のダメージに近い。語源は「害，損失」を表すラテン語の *damnum* である。damages と複数形になると法律用語として「損害賠償 (金)」を表す点に注意を要する。

cure, recovery
治癒，回復

cure は，「心配，関心，注意」を表す care の語源にあたるラテン語の *cūra* から派生した語で「(病気などを) 治す，いやす」との一般的な意味のほか，契約用語として「瑕疵を治癒する (こと)」との意味に使う。

recovery は recover の名詞形で，recover には，「(失った物などを) 取り戻す，回復する」との意味があり，語源にあたるのは，ラテン語で「回復する，元気になる」を表す *recuperāre* である。

法律用語としての recovery には，「訴訟による権利の回復」，とりわけ「損害賠償を勝ち取ること」との意味がある。また「不動産の取戻訴訟」も表す。

「回復，再生」の意味をもつ法律英語としては，rehabilitation が重要である。会社更生法と並ぶ再建型倒産手続である民事再生法のことを Civil Rehabilitation Law と訳している (192 頁参照)。rehabilitation は，病人の機能回復訓練，リハビリによく使うが，建物や企業の「再建，名誉回復」にも使う。

元の rehabilitate は，re「再び」+ habilitate「可能にする」から成り，ラテン語の *rehabilitare* が語源にあたる。

redress, relief, remedy
救済(策),救援,救済方法

　似たような「救済」の意味をもつが,法律用語としては語源との関連で正確な使い分けをしたほうがよい。

　redress は re「再び」+ dress「整える」から成り,その語源は,古期フランス語の *redrecier* で,「まっすぐにする,矯正する」を意味した。ここから,法律的に「不正や誤りなどを正す」,「損害などを補償する」になり,名詞では「被害救済」の意味に使うようになった。

　relief は,re「再び」+ lieve「持ち上げる」から成る relieve の名詞形である。relieve の語源にあたるのは,「(再び)上げる,持ち上げる,軽くする,解放する」を表すラテン語の *relevō* である。野球のリリーフピッチャー(救援投手)の言い方でおなじみの relief には,「交替要員」の意味がある。原義に照らすならば relief は,不正や不法行為から生じた損害,被害の救済ではなく,自然災害による被災者への「救援・救助」に使うのが本来である。ただ,英文契約書などでは injunctive relief「差止めの救済」のように使う。

　remedy は,re「再び」+ medy「いやす」から成り,「治療(法),薬」,語源は「救済策,予防策」を意味するラテン語の *remedium* である。「救済」そのものというよりは,「救済方法」を表す。法律用語として remedy を relief と比較するならば,relief は衡平法裁判所(court of equity)の関連で使い,remedy はコモンロー裁判所で使った。いまは,これらの裁判所が統合されている。それでも,

equitable relief「衡平法上の救済」，あるいは injunctive relief「差止めの救済」とはいうが，relief の代わりに remedy を使うことはまずない。

　他に「援助」を表す英語としては，help, aid や assistance がある。最も一般的なのが help で目的達成のために必要な援助をすることを広く表す。語源は，古期英語の *helpan* である。

　より改まった公式的な使い方をするのが aid で，直接的な援助というよりは金銭的援助について使う。legal aid「法律扶助」は，訴訟費用などを公益的団体が立替えたりする制度である。aid の語源は，古期フランス語の *aid(i)er* である。

　assistance は，アシスタントの日本語でよく知られるように仕事などを補助的に手伝うことを表す。元の assist は，as + sist から成り，「そばに立つ」を意味するラテン語 *assistere* が語源である。assistant は，「アシスタント，補助者，補助手段」を意味し，大学の「助手」などもさす。

recall, return
回収・リコール，返却・還付

「製品リコール」というときのリコールが英語の recall からきていることはすぐにわかる。**recall** は re「再び」＋ call「呼ぶ」からできた語で「呼び戻す」の意味になる。ちなみに call の語源は，「大声で（名を）呼ぶ」を表す古期英語の *ceallian* だとされている。

「呼び戻す」といっても対象はさまざまである。英和辞典で最初に出ているのは「思い出す」で，対象は記憶ということになる。次に「人」を対象に「召還する」，「（職に）復帰させる」との意味が載っており，アメリカ英語であることを断ったうえで，「（公職者を）リコールで解職する」が載っている。自治体の首長などを住民投票でリコールするとの言い方は日本でも行われるが，ふつうの人に戻すからこういうのであろう。

次に「物」のリコールで，いったん市場に出回った欠陥製品をメーカーなどが回収する場合に使う。ブレーキに不具合が見つかったので乗用車を大量にリコールするといった使い方は典型例である。リコールには，法令に基づく行政庁の回収命令による強制リコールと企業が任意に行う自主リコールとがある。

薬品，食品，自動車など，不良品を放置しておくならば人の生命，身体に重大な影響が及ぶおそれがある製品については，さらなる被害防止のためにも一刻も早い的確な対応が求められる。

return は，名詞だと「帰り，復帰，返却，還付」を表すが，tax return で「税務申告書」，return on the investment で「投資からの

収益」といった使い方が重要である。法律用語としては，return 1 語で「執行報告」を表す。

　return は，re「後ろに」+ turn「回る」から成り，turn の語源は，ラテン語で「回る」を意味する *tornāre* である。竜巻（たつまき）のことを tornado（トルネード）というが，ラテン語の語源は共通すると考えられる。

　return には，return a verdict で陪審（員）が評決を下すとの意味がある。また投資関連で「よいリターンを期待できる金融商品」のような表現をするが，利子や利益を生み出すとの意味もある。

harassment, tort
いやがらせ，不法行為

「セクハラ」，「パワハラ」で日本語として定着したが，セクハラ，パワハラの「ハラ」部分は harassment の略である。

harassment は harass の名詞形であって harass は，「犬をけしかける」を意味する古期フランス語の *harer* が語源で，「犬をけしかけるときの擬声語に由来するとの説もある」とされる（『語源辞典』より）。いずれにしても「(しつこく) 悩ませる，困らせる」との意味はここから生まれた。

企業のコンプライアンス面から重要なのは，セクハラ，パワハラの防止である。

パワハラは，パワーハラスメント（power harassment）の略である。ただ，数冊の英和辞典を引いてみたところ sexual harassment は載っていたが power harassment は載っていなかった。

パワー（power）は「権力，権限，影響力」を，ハラスメント（harassment）は「いやがらせ，悩ますこと」をそれぞれ意味するので，パワハラは会社や組織の上司や先輩が力関係を乱用して部下などに対して行ういやがらせ行為のことである。上司や先輩の発言や行動が性別による差別を内容とすることがあり，その場合はセクハラにもなる。

セクハラには法律上「職場において行われる性的言動に対する労働者の対応により労働者が労働条件につき不利益を受け，又は当該性的言動により就業環境が害されること」（男女雇用機会均等法）と

の定義がなされている。

さらにセクハラについては，1999年の男女雇用機会均等法改正で事業主にこれを防止するための配慮義務が規定され，2007年の改正で措置義務に強化された。

セクハラのように法律上の規定がないからといってパワハラが許されるわけではない。近時，上司などのパワハラによってメンタルヘルス上の疾患にかかり，これが原因となって労働者が自殺に追い込まれるケースが増えている。そうしたケースでは，しばしば労働基準監督署長による労災給付の不支給処分の取り消しを求める訴訟が起こされている。

自殺に業務起因性を認めて労働基準監督署長の処分を取り消した裁判例には，上司の言動だけではなく，その背景事情もあわせて検討の上，「上司の言動による被害者の心理的負荷は，人生においてまれに経験することもある程度に強度のものということができ，一般人を基準として，社会通念上，客観的にみて，精神障害を発症させる程度に過重なものと評価」できるとしたものがある（東京地裁平成19年10月15日判決）。この事件で上司は被害者に対し，「存在が目障りだ，居るだけでみんなが迷惑している」，「おまえは会社を食いものにしている，給料泥棒」などと述べていた。

労災認定とは別にパワハラを原因として雇用主の損害賠償責任を追及する訴訟が起こされることがある。神奈川県のある自治体水道局の事件では，上司3名によるいじめで精神疾患となった職員が自殺をした。裁判所は，いじめの制止，精神的負担の軽減，防止策など適切な措置をとらなかった管理職に安全配慮義務違反を認め，自治体が被害者の両親それぞれに対して1,172万9,708円（合計2,345万9,416円）を賠償するよう命じた。なおこの事件では，国家

賠償法に基づいて提起されたため，上司 3 名の個人責任は追及されていない（東京高裁平成 15 年 3 月 25 日判決）。

いじめや言動によって労働者の人格や尊厳を傷つけたりして退職せざるをえないように精神的に追い込む行為は同僚によって行われることがあり，必ずしもパワーの乱用とは関係がない。そこで，こうした行為をモラルハラスメントと称し，パワハラと区別することもある。

かつて新人だった数十年前に上司から日常茶飯事的に言われたと同じことを部下に言ったにすぎない，と言い張る現上司もいる。いまはその発言が相手にどう受け止められるかをよく考えないと，被害者はもちろんのこと会社および上司個人双方に大きなダメージをもたらすことになりかねない。

tort は，「不法行為」に当たり，法律英語のなかでもとくに重要な語である。「ねじれた，曲がった」を表すラテン語の *tortus* が語源である。「ねじれ，ゆがみ」が転じて，「ひねり，苦痛」となり，さらにそれを与えるよこしまな行為，すなわち「不法行為」になったと考えられる。

「不法行為」を wrong ということもある。wrong は "right and wrong" で「正邪」と訳すように「悪，不正」を広く表す言葉である。語源は，古期英語で不正（injustice）を意味する *wrang* である。

gossip, scandal
うわさ話，醜聞

それぞれゴシップ，スキャンダルとして日本語化しており，日常生活のなかでもよく使う。語源からは，法律用語としての使い方があることがわかる。

gossip の語源は，古典英語の *godsibb* で，*god*「神」+ *sibb*「関係」から成る。もともとの意味は fellow godparents「仲間の代父母」である。いまの英語でも sib あるいは sibb は「血縁者，親族」を意味する。

gossip を「おしゃべりな人」を経て「むだ話，ゴシップ」の意味に使うようになったのは，19世紀以降らしい。

scandal の語源は，ラテン語の *scandalum* であり「つまずきの石，わな，誘惑」を表した。それも，『語源辞典』によれば，「他人の信仰のつまずきとなるようなこと」を意味したというから，gossip と同様，信仰にかかわるところから出発しているのは興味深い。いまでは，「恥辱，不面目，疑獄，悪評」などを広く表すが，法律用語として，訴訟当事者が事件と無関係に相手方の悪口や中傷を行うことをいう。

とくにアメリカの民事訴訟規則は，scandalous matter としてこのような「中傷的主張」に対する相手方からの申立てがあれば，訴答（pleading）内容から削除する手続を規定している。

libel, slander
中傷文，口頭誹毀

　単なる悪口というのとは違い，法律的に名誉毀損にもなり得る言動を表す公式的な英語である。2つの語を比べると，libel が書面により，slander が口頭によるとの違いがある。

　libel の語源はラテン語の *libellus* で「小冊子，記録簿」とともに法律用語として「訴状」や「誹謗文書」を表した。同じく *liber* が「書物，本，書簡」を表し，library「図書館」の語源にもなっている。

　したがって，libel は「誹毀文書」，「中傷文」のように書面化されていることを前提とした言い方である。14世紀には，とりわけ海事，宗教の民事裁判における原告の正式申立書，訴状を指して使った。その後「文書（による）名誉毀損」を表すようになった。

　slander は，scandal の語源にあたるラテン語の *scandalum* が，中期英語に *slaundre* として変形して取り込まれ元になった。

　slander は，「中傷，悪口」を表し，法律用語としては「口頭誹毀」として，名誉毀損の一種であるが libel とは区別して使う。不法行為の一類型とされる slander of title (or goods)「権利誹毀」の使い方が重要である。これは他人の動産，不動産上の権利について害意をもった陳述を第三者に対して行い，その者に損害を生じさせる行為をいう。title は不動産の所有権を表す。

accident, event, incident
事故，事件，出来事

　これら3語に共通した意味は「事件」であるが，accidentは思いがけなく起こる「事故」に，eventは重要で大きな「出来事，事件」に，incidentは大きな事件に発展するおそれはあるものの付随的に起こる「小事件」に使う。

　accidentは，ac「…へ（方向）」+ cident「ふりかかる」から成り，語源は「非本質的特質，事故・災難，偶然」を表すラテン語の*accidens*である。

　eventは，契約書中で，events of default「債務不履行事由」のように使う。債務不履行があると相手方当事者には解約権（right of termination）が生じるのがふつうであるため，解約事由とほぼイコールで使ったりする。

　eventの語源は「現われる，起こる，生じる，…の結果になる」を表すラテン語の*ēveniō*である。*veniō*だけでも，「ある状態になる，陥る，立ち至る」との意味がある。

　incidentは，in「…に」+ cident「ふりかかる，（突然）起こる」から成り，語源は，「（付帯的）状況，付随事件」を表すラテン語の*incidentia*である。

　「出来事」としては，happeningの語がある。ハプニングの日本語のとおり「偶発事件」を表すが，口語的であり，法律用語としてはあまり用いない。

pandemic, epidemic, quarantine
疫病，検疫

　新型インフルエンザは感染力が強いことから，進出先海外現地で従業員が感染するおそれがある。そのため，流行時にはそうした地域への出張や渡航制限，あるいは流行している現地工場での操業停止などの措置を決める企業が続出した。

　英文契約・国際取引との関連では，不可抗力条項（force majeure clause）や履行困難条項（hardship clause）の適用が，さしあたり問題になる。

　pandemic［pændémik］は，形容詞としては，「世界的流行の，汎流行性の」を意味し，名詞では「汎流行病」である。世界中の数十か国に感染者が多数発生した段階で pandemic 状態になったといってもよいであろう。ただ，これが英文契約における force majeure event「不可抗力事由」に当たるかといえばそう簡単には決められない。

　英文契約の不可抗力条項は，不可抗力的事態を幅広く列挙するところに内容的な特徴がある。これは，英米法が大陸法よりも不可抗力免責に厳しく，契約中に予め事由を具体的に書いておいてはじめて免責を認めるとの立場をとるからである。

　不可抗力事由は，大きく①天災（自然災害など），②人災（戦争など），および，③政府の命令（輸出規制など）に分けられる。①の事由には，地震（earthquake），台風（typhoon）などと並んで疾病，流行病（epidemic）を記載することがよくある。

epidemic, pandemic に共通する demic は，古代ギリシア語の *dēmos*「市民，人民，民衆」が語源である。*epi-* は，「…の上，の間」を，*pan-* は，「全…，汎…」をそれぞれ表す接頭辞だから，epidemic が「（人々の間に）流行している病気」，pandemic が「全世界的流行病」の意味になる。

問題は，不可抗力による免責事由となる epidemic はどの程度の感染力をもった病気を意味するかの解釈である。日本の判例によれば，不可抗力免責は，一般的に履行が全く不可能となるような外部的事情が生じたか，そうでなくとも最善の注意または予防方法を尽くしても到底防止できないような特別の事情によって履行できなくなった場合にのみ認められる。

2009 年 4 月以降，メキシコから北米，欧州へとまたたく間に広がった新型インフルエンザの場合，債務の内容にもよるが，その履行を一時的にせよ完全に不可能にするものとまではいえないであろう。企業レベルでも徹底した感染防止措置を講じればかなり予防はできそうである。

不可抗力事由としての epidemic は，かつて「人類の敵」とまでいわれた天然痘やペスト，コレラ並みの感染力を想定しているとされる。不可抗力免責までは認められないとしても，履行が困難になったことによって価格その他の取引条件の変更を認める Hardship Clause の適用は認めやすいといえる。

ポイントは，単に epidemic と書くだけではなく，具体的に new type influenza「新型インフルエンザ」として，できれば型名まで明記するならばより免責を受けやすくなる。

むしろ新型インフルエンザの場合，特別な検疫（quarantine）が行われることによって，人や物が一定の期間，一定の場所に留めお

かれることによってその期間履行が完全に不能になりうる。こうした措置はほとんどの国で法律に基づいて政府の行為として行われるので，act of government が不可抗力事由として入っているかどうかがポイントになる。

　ちなみに「検疫」の **quarantine** は，「40 日間」を表すイタリア語から生まれた語であり，その昔，伝染病が流行している地からきた船の乗客や貨物を 40 日間検疫のため停船させたことからこの名がある。

　2011 年 3 月 11 日に発生した東日本大震災は，日本列島を襲った地震，津波としては過去最大規模であった。そのもたらした被害について，広範囲に不可抗力免責が認められるのは当然である。ただ，相当因果関係の判断と契約における不可抗力条項の解釈次第では免責にはならないことに注意しなくてはならない。

　たとえば，地震と津波の結果，原子力発電所の事故が起こったことは明らかであるとしても，その後の国や電力会社の対応のまずさがとくに風評被害などを拡大させたとなると，この部分は「人災」による損害とみられるからである。

　また，継続的供給契約の下で部品を完成品メーカーに供給する義務が，地震，津波の結果，部品工場が操業停止になり果たせなくなったとする。同契約中には，自然災害による不可抗力免責をきわめて限定的にしか適用せず，場合によっては海外の製造拠点にリスクを分散しても供給を継続すべき趣旨を明記していたならば，不可抗力免責が認められない可能性が高い。

abuse, misuse, appropriation
虐待，誤用，流用

　人や物，権利の不適切な用い方をする場合にこれらの語を使う。

　abuse は，「(地位や特権などを) 悪用，乱用する」場合に使う。社会的にも問題になることが多い児童虐待のことは child abuse という。

　abuse は ab「逸脱した」+ use「使用」から成り，語源は，「使い果たすこと，浪費，濫用」を表すラテン語の *abūsus* である。

　misuse は，mis「誤った」+ use「使用」から成り，abuse とほぼ同じように使うが，児童虐待を child misuse とはいわないようである。

　appropriation は，「(金や物の) 充当，割当」の意味に使うだけでなく，「私用，流用，盗用」にも使う。後者の意味の延長上に misappropriation「着服，横領」の犯罪用語がある。

　appropriate は，ap「…へ (方向)」+ propriate「所有にする」から成り，「自分のものにする」が原義である。propriate の部分の元は，ラテン語の *proprietās* である。「独自性，特質，適正」とともに「所有権」の意味をもち property と語原を同じくする。

　「横領」に usurpation を当てることがある。元の語 usurp は，「王座や権力などを不当に奪う，強奪する」意味をもつ。usurp の語源は「利用する，(権利を) 主張する，不法に取得する，横領する」を意味するラテン語の *ūsurpō* である。

crime, offense, sin
犯罪, 罪, 原罪

　crime は法律上の「犯罪」を表すのに使う。形容詞 criminal は「犯罪の」「刑事上の」で, 刑法典のことは criminal code という。反対語は civil「民事上の」である。

　crime の語源は, 「告発, 告訴」を表すラテン語の *crīmen* で, 告発や告訴の対象行為, 「悪事, 犯罪」を表すようになった。

　offense も「犯罪」を表すが, どちらかというと軽い犯罪に使う。それは原義が「人の感情を害すること, 立腹させること, 侮辱」だからである。offense の動詞形の offend は, 「…を打つ」を表すラテン語の *of + fendo* が語源で, 「ぶつかる」, 「殴る」, 「感情を害する」, 「怒らせる」などの意味がある。offense の反対語は defense で, スポーツ用語としても「攻撃」, 「防御」の意味で使う。ただ, 形容詞 offensive をふつうの英和辞典で引くと「攻撃的な, 攻撃の」よりも先に「いやな, 気に障る, 不快な」の意味が載っている。

　sin は法律上の罪ではなく, 「宗教上・道徳上の罪」を表す。キリスト教文化においては道徳上の罪は宗教上の罪と表裏をなすとされ, sin は, breaking the law of God on purpose「故意に神の掟を犯すこと」である。なお, キリスト教の the seven deadly sins「七つの大罪」は, 傲慢 (pride), 貪欲 (covetousness), 邪淫 (lust), 怒り (anger), 貪食 (gluttony), ねたみ (envy), 怠惰 (sloth) である。

　sin は, 古期英語で「罪」を表す *syn(n)* から発し, ラテン語で「罪を犯した, 有罪の (人)」を表す *sons* も語源にあたる。

information, intelligence
情報，諜報

intelligence は，インテリの略語とともに一部日本語になった身近な英語である。形容詞の intelligent は，「選ぶ，集める」を意味するラテン語の *inter + legere* あるいは *inter + lego* が語源である。

集中コンピューターで管理された建物をインテリジェントビルという。情報の集積，選別，分析はコンピューターが最も得意とするところなので，この intelligent は本来の使い方である。

名詞の intelligence は，「理解力，思考力，知能」の意味とともにコンピューターの知能という科学的最先端の知性を表す一方で，神の根本的属性としての知性も表す。大文字で始まる Intelligence は，霊的存在である「天使」であるし，the Supreme Intelligence といえば「神」のことである。

CIA（Central Intelligence Agency）を中央情報局と訳すように，intelligence には「情報」の意味があるが，これまでの説明からしてもふつうの情報ではなくである。intelligence は，情報のなかでも国家機密にかかわる特に重要な事柄の報道や諜報を表す。intelligence agent は，スパイのことであるから「相手国の重要機密情報を握っている」は，

We have secret intelligence of the opposing country.

といえばよい。important information というよりは，intelligence だけでも重要機密情報的意味が含まれているといえる。

information も「情報」だが，intelligence よりは広い対象をもっ

ている。まず，information は inform「通知する，知らせる」の名詞形なので，情報・知識の「通知，伝達」という意味がある。

inform は，「…を形成する」の意味のラテン語 *in + fōrma* が語源だから，何らかの情報を提供して，「指導する，教え込む」のが元の意味である。この元の意味からは，観光地などで「案内所」をインフォメーション（センター）とする使い方が生まれる。日本語化しているが英語でも同じ使い方をする。

information は，ある効果を導くための「情報，知識（の伝達）」が本来の意味であるから，警察など捜査機関への「通報，告発」の意味にも使う。「告発状，告訴状，（大陪審を経ない）略式起訴（状）」にもなる。ただ，以下に述べるとおり大陪審（grand jury）を経る起訴のことは indictment という。

アメリカの連邦刑事裁判手続において，死刑もしくは1年以上の禁固または懲役刑による刑罰の対象となる事件は indictment によって起訴しなくてはならず，それ以外の事件については，indictment, information のいずれによってもよいとされている。

information による起訴の場合「略式起訴（状）」と訳すことが多いが，日本の刑事訴訟手続における略式手続とは大きく異なることに注意しなくてはならない。すなわち，日本の略式手続は書面のみで行うが，アメリカの略式起訴手続の場合，起訴陪審が行われないだけで，小陪審（petty jury）による事件の審理（trial）は行われる。

ちなみに，日本の裁判員制度は中身が異なるとはいえ一般市民が裁判手続に参加する小陪審と基本となる考え方を共通にする。起訴陪審とも呼ばれる grand jury（「大陪審」）と発想を同じくする日本の制度が検察審査会で，衆議院議員の選挙権者からくじで選ばれた11名の検察審査員が，検察官の不起訴処分の当否を審査する。

knowledge, notice
知識，通知

「気づいていること，知っていること」といった共通の意味をもっているが，それぞれ法律用語としては微妙なニュアンスの違いがある。

knowledge は know「知る，気づいている」から生まれた語である。knowledge は「知っていること」，すなわち「知識」であるが，なかでも研究，観察，あるいは経験などに基づく知識を指す。「学識」や「学問」を表すことがあるのはそのためである。

knowledge の語源は，古期英語の *cnáwlæć* であり，acknowledge は，acknow「告白する」と knowledge「知っていること」の合成語で，「(しぶしぶ) 承認する」を表す。

notice は，「通知」が一般に知られている意味であり，英文契約にも「通知条項」(notice clause) がよく見られる。語源は，「知っていること，知識，観念，評判」を表すラテン語の *nōtitia* であり，knowledge の意味に近い。

このように notice の原義は，「気づくこと」であり，その内容を認識，知ってはじめて notice「通知」になるのであるから，相手方に到達しなければそもそも無意味である。constructive notice「擬制通知」という法律用語があるのはこのためである。通知の効力発生時期に関する発信主義は擬制を前提とする。なお，constructive notice は legal notice ともいい，反対語は actual notice である。これを「擬制悪意，擬制認識」というのはより原義に近い。

acknowledgement, awareness
承認，認識

　acknowledgement は，何かを「認めること」であるが，法律用語としては「債権債務関係の承認」，「認知」，あるいは「文書の真正の確認，承認」といった重要な使い方がある。

　acknowledgement は，中期英語の *acknow*「認める，告白する」と knowledge「知っていること」が合成してできた名詞である。

　awareness は，aware「気づいて，知って」の名詞である。aware は a + ware「自己防衛のために警戒したり，用心する」から成り，古期英語の *gewær* が元である。同じ「知ること」でも notice には自己防衛的な意味合いはない。

　実務でよく使う letter of awareness「覚書」は，"We are aware of 〜."「当社は，…を認識している」との表現をよく使うためにこの名がある。この場合の awareness は，「自覚」に近い「認識」を意味し，内容次第では保証状に近いような何らかの法的責任を負うことを覚悟したレターと解釈されることがある。

　「了解，理解」の意味では，understanding の語を使うのが一般的である。この語は，単なる了解を超え法律用語として「協定，協約，取決」の意味をもつ。

　とくに letter of understanding や memorandum of understanding (MOU) と題する文書は，契約交渉途上で作成する予備的合意書あるいは基本合意書として使われることがよくある。

know-how, patent
ノウハウ，特許

know-how は，「ノウハウ」として日本語で定着している。語源的には，19世紀前半にアメリカで生まれた語で，know how to do「いかに行うべきかを知る」ところから，「技術情報，秘訣」を表すようになったらしい。

企業にとってノウハウなど技術情報の適切な管理は欠かすことのできない取り組み課題である。同じ発明にかかる技術情報でもこれをノウハウとして秘密裡に管理するか，内容の公開と引き換えに特許権による独占的権利の保護を受けられるようにするかは，その企業の戦略次第ということができる。

patent は，「特許（権）」のほか，英和辞典にはいまでも「開いた，明白な」との意味が載っている。patent の語源は，ラテン語で「開いている，さらされている，はっきり見える，明白である」を表す *pateō* である。特許制度の歴史は古く，中世都市国家の王侯が，発明などに独占権的保護を与えるために出した特許状がもとになっている。

この特許状は，letters patent, すなわち「開かれた書状」の形をとっていたために「開封特許状」と呼ばれ，やがて patent が「特許（権）」を表すようになった。なお，patent の反対語は，latent で，法律用語としては，latent defect「隠れた瑕疵」のように使う。latent の語源もラテン語で，「隠れた」(= to be hidden) を表す *lateō* である。

日本の現行特許法（Patent Law）は，1959年に制定されたが，最初の特許に関する法律は1871年（明治4年）制定の専売略規則である。

　この法律は冒頭に「何品ニ寄ラズ新発明致候者ハ爾来専売御差許相成候」と書かれた画期的なものであったが，当時としてはあまりに進歩的すぎて国民の意識に浸透せず，一部の専門家しか知らなかったため1年足らずで施行停止になった。

　1885年（明治18年），主としてフランス特許法にならい，「専売特許条例」を公布したが，権利主義ではなく恩恵主義によっていた。その1年前の1884年（明治17年），日本初の商標法である商標条例が制定されている。1888年（明治21年）には，これらの法律を改正した特許条例，商標条例とともに，イギリス法をモデルにした意匠条例が制定された。このときの一連の立法は，不平等条約の改正にむけての近代法制整備の一環とみられる。民法典，商法典の制定が，それぞれ1898年（明治31年）と1899年であり，明治憲法の施行でさえ1890年（明治23年）であったことを考えると，いかに早い時期かがわかる。

　1899年（明治32年）には，さらに欧米諸国と結んだ通商航海条約中で約束していたパリ条約への加入にそなえて，特許法，商標法，意匠法が制定された。同年，日本はパリ条約に加入した。1905年（明治38年）にはドイツ法にならって実用新案法が制定された。

　これらの法律は，その後1909年（明治42年）に大きな改正が行われて近代法としての体裁がととのえられたが，知的財産保護法制のなかで，重要な役割を果たす不正競争防止法が制定されたのは，ずっとのち（1934年）のことである。

　ノウハウは，「営業秘密」の一種として不正競争防止法の下で法

的保護を受ける。

　欧米において近代特許法の先駆とされるのは，1624年，ジェームス1世時代のイギリスで発布された専売条例（Statute of Monopolies）であり，新技術と産業を保護する制度が整備されていたことが，同国に最初に産業革命をもたらす一因になったと考えられている。

　フランス革命期の欧米は，特許法にとって重要な意味をもっている。1787年のアメリカ合衆国憲法第1条第8節第8項は，「著作者および発明者に対して，一定期間それぞれその著作および発明に関する独占的権利を保障することによって，学術および技術の進歩を促進する」権限を連邦議会に与えた。同国では，この規定にもとづいて，1790年最初の特許法を制定した。

　フランスでは，革命（1789年）直後の1791年に特許法が制定され，その後ヨーロッパ諸国の特許法のモデルとなった。

　ある技術情報につき，ノウハウとして対外秘にするか，内容を公開することと引換えに特許権を取得することにするかは，情報保有者の戦略次第といったが，権利侵害に対する法的保護の面では，独占的権利が与えられる特許権のほうが強い。

brand, logo, trademark
ブランド，シンボルマーク，商標

　それぞれ，ブランド，ロゴ，トレードマークとして日本語になって定着している。

　brand は，「火」(= fire)，「たいまつ」(= torch) を表す古期英語が元である。その後，所有者を示すために家畜に押した焼き印，あるいは昔，犯罪者が押された烙印，汚名を表すようになり，商品に所有や品質を示すために押す焼印にも使い，現在の「ブランド」に近い意味をもつようになった。

　logo は，シンボルマークなどの意味に使うが，やや口語的な単語で，logogram「表記文字，語標」や logotype「連字活字」の略語とされる。logo- のこうした語の元は，「言葉，理性」を表すギリシア語の *logos*「ロゴス」である。Logos は「神の言葉」であるとともに，(三位一体の第二位である) キリストを表す。

　trademark は，trade「貿易，商業」+ mark「しるし，記号，標識」から成るとおり，商業に使う標識，すなわち「商標」の意味に使う。TM と略し，商標登録表示 (trademark marking) として「登録商標第○○号」のように示すとともにトレードマークそのものに TM と示したりする。

　ブランドもロゴも要件を満たせば法律上は商標法 (Trademark Law) の下で「商標」として保護されることが多い。ちなみに日本の商標法は 1959 年に制定され，同法の下で，①普通名称を普通の方法で表示するもの，②慣用されているもの，③極めて簡単であり

ふれたもの，④何人のものか認識できないもの，⑤公序良俗違反のものなどを除き商標を登録できる。

mark の語源は，ゲルマン語で「境界，境界を示すしるし」を表す *markō* である。

役務を提供するものがその役務について使用する標章はサービス・マーク（service mark）という。日本では 1991 年の商標法改正によってサービス・マーク登録制度が導入され，サービス・マークも商標として登録，保護されることになった。

なお，symbol は「シンボル」の日本語でおなじみであるが，語源にあたるのはギリシア語で「しるし，記号，象徴」を表した *sumbolon* である。ここから派生したラテン語の *sym* + *ballein* で「一緒に投げられたもの」が原義であるが，原義には，異教徒とキリスト教徒を区別するしるしとしての「(宗教上の) 信条」の意味もある。

character, design, pattern
キャラクター，デザイン，型

　知的財産権の対象になりうる，似かよった内容の英語である。

　character の語源は「印刻のための道具」を意味するギリシア語の *kharaktēr* である。Chinese character が漢字を表すように character には記号，文字のようにほかから識別するしるし，符号の意味がある。

　人の場合，何をもってほかから区別されるかといえば，まずは性格，個性によってである。そこで，character は，道徳的な面における個人の性質，人格，品性を表す。似たような意味の英語に personality があるが，こちらは「対人関係において行動・思考・感情の基礎となる身体的・精神的・感情的特徴」を表すとされている（『新英和中辞典』）。

　人はそれぞれ個性をもつので，character は，「人，人物」そのもの，さらに小説などの「登場人物」，漫画・アニメなどの「キャラクター」も表すようになった。後者は，ふつうの人物を超えて際立った個性の持ち主について使う。口語では「変わり者，変人」のことも指し，

　　He is quite a character. 「彼は変わり者だ」

となるから使い方に気をつけたい。

　日本では，「ゆるキャラ」や「ローカルキャラクター」といった地域ベースのキャラクターが次々とつくられている。これらのキャラクターも何らかの知的財産権の対象になっていると考えるべきで，無

断で使うと権利侵害になりかねない。著作権者などが日本人（企業）であれば，ライセンス契約は日本語の国内契約になるであろうが，外国の企業にライセンスするのであれば，逆に英文国際ライセンス契約を取り交わすことになる。

　ただ，いわゆるキャラクターのすべてに著作権などの知的財産権が及ぶわけではない。たとえば，小説の主人公のイメージを利用し，その名前を商品につけたとしても著作権の対象にはならない。主人公のイメージをもとに名前をつけたぬいぐるみをつくっても同様であるが，この場合にもいわゆるただ乗り（free ride）問題は発生するので，著作権ではなく不正競争防止法や民法（不法行為）の下での保護を求めるしかないであろう。

　design は「区画して描く」を表すラテン語が語源であり，*signāre*「しるしをつける」が元になっている。「デザイン，意匠，図案」を表すが，日本では「物品の形態」を意匠法（design law）で保護する。

　pattern の語源は，「父のように手本となるべきもの」を意味するラテン語である。元は patron と同じ語であったというが，patron が「父のような保護者」を表すラテン語から生まれたために，父や主人は「手本」となるべき人であるとの意味から pattern は「模範，見本」の意味が生まれ，さらに「型，模様，様式」の意味で使うようになった。

confidence, secrecy
秘密，機密保持

　confidence は，「自信」，「信用」を表すことが多いが「(信用する人への) 打ち明け話，秘密 (の話)」を表すこともある。関連語を使って書類に "Strictly Confidential" と表示すれば，「極秘文書」となる。confidential secretary は「信任の厚い秘書」のことであり，企業間でよく取り交わされる confidentiality agreement は「秘密保持契約」である。

　confidence の語源にあたるのは，「自信，大胆さ，向こう見ず」を表すラテン語の *confidentia* である。ここから，「秘密を打ち明けられる信頼関係」を表すようになった。

　secrecy は，「秘密」そのものも表すが，法律用語としては「秘密に保つこと，秘密保持」を表す点が重要である。実務上 S.A. と略されることの多い secrecy agreement は，「守秘義務契約，秘密保持契約」である。

　secrecy の語源にあたるのは，中世英語の *secrete* である。secret は形容詞でも名詞でも使い，se「別に」+ cret「離れる」から成る。この語源は，「分ける，取り除く，分割する」を表すラテン語の *sēcernō* である。

　なお，「秘密」と「機密」の違いであるが，『広辞苑』には機密を「(枢機に関する秘密の意) 政治・軍事上のもっとも大切な秘密の事柄」としている。ちなみに「枢機」はといえば，「物事の枢要なところ。かなめ。肝要。」とある。

data, material
資料，材料

　data は，「データ」として日本語化している。単に資料というだけではなく，観察や実験によって集められた知識や情報を意味する。data といえば，コンピューター用語として，コンピューターに蓄積されたデータを表すことが多くなった。

　たとえば，個人情報の保護に関する法律は「個人データ」を「個人情報データベース等を構成する個人情報をいう。」（2条4項）と定義している。

　data は，「与えられたもの，贈物」を意味するラテン語 *datum* の複数形である。*datum* の元は，「与える」を表す *dare* である。したがって，data の原義は「与えられた事実」ということができる。

　material にも「資料，データ」との意味があるが，「原料，材料」のほうが一般的である。**material** の語源にあたるのは，ラテン語の *māteria* であり，matter の元になる語である。matter は，ラテン語で「母」を表す *māter* を語源とし，「新しい生命を生み出す木の内部」が元の意味である。material が形容詞として「物質上の，有形の」とともに「重要な」を表すのは，元の意味から考えるとわかりやすい。

　material は裁判用語で material evidence「重大な証拠」，契約用語で material breach「重大な（契約）違反」といった使い方が重要である。

property, treasury
資産, 国庫

property は, proper「自分自身の」＋ ty「もの」から成り, ラテン語の *proprietās* を語源とする。このラテン語は「独自性, 適正, 特質」を表し, proper のいまの使い方に近い。proper の原義は「自分自身の」で, ここから「自分自身の目的にかなっている, 固有の, 特有の」といった意味が生まれた。properly は「適正に, 正式に, 厳密に, 適切に」である。

人のもつ「固有のもの」, すなわち「資産, 財産」には大きく分けて「不動産」と「動産」があるが, 英語でそれぞれ real property, personal property という。日本の民法は, 「土地及びその定着物は, 不動産とする」とした上で, 「不動産以外の物は, すべて動産とする」と規定している (86条1項, 2項)。

現代社会における人, とりわけ企業にとって重要性を増した「資産」が知的財産(権)であり, これを intellectual property という。property は「財産, 資産」であるが, これを法律的にいうと所有権の対象であるため「所有権」の意味にもなる。そこで発明やノウハウなど眼に見えない権利の対象物を intellectual property といい, 「知的所有権」と訳していたこともある。だが, もともと権利は眼に見えないとはいえ, 眼に見えない対象物についての権利に「所有権」の語を使うのはふさわしくないとされ, 「知的財産権」に置きかえられた。

treasury は, 「宝, 財宝, 財貨」を表す treasure と同様に「宝物,

宝庫，財蔵所，埋蔵物」を意味するラテン語 *thēsaurus* を語源とする。いまでは，treasury は「宝，財物」そのものよりはこれを貯えておく「財宝置き場」となり，そこからかつて国が金を保管した「国庫」を，さらには，これを管理する財務省のような役所を意味するようになった。

　イギリスやアメリカで the Treasury といえば財務省のことである（アメリカの場合，正式名は the Department of Treasury である）。日本の財務省の正式英語名は，the Ministry of Finance であり，大蔵省と称していた時代と変わらない。日本の国債は national bonds でよいが，アメリカの場合 treasury bond「（期間 10 年以上の）財務省長期証券，略して TB」あるいは treasury certificate「（期間 1 年までの）財務省債務証書」という。

copy, simulation
複製品，模倣

　copy の語源は，「豊富，大量」を意味するラテン語の *cōpia* である。copy を動詞で使うこともあるが，その場合「(原典を) たくさん書く，書き写す」が原義に近い。名詞であれば「たくさんの本物」である。日本では，「コピー商品」のように，偽物をいうのに copy の語を使い，「複製物」の訳を当てたりするが，語源からすればむしろ copy は「本物」を表すといわなくてはならない。

　「たくさんの本物」という意味では，copyright は「著作権，版権」であり，何万部も同じ内容の本などをつくる権利だと思えばよい。大量に複写物をつくっても copyright 侵害になりうるが，もともとは「本物」をいくつもつくる権利である点を忘れてはならない。

　著作権法のことは Copyright Law といえばよいが，同法の下で最も重要なのが「著作物」(copyrighted works) の定義である。とくに，アメリカは 1976 年に著作権法を改正し，コンピュータープログラムを「著作物」として保護することにした。日本では 1980 年の著作権法改正によって著作物の例示に「プログラムの著作物」(10 条 1 項 9 号) を加えた。

　simulation は「…のふりをすること，まねること」がもともとの意味で，動詞の simulate は similar「類似の，似ている」と共通の語源で like にあたるラテン語 *similis* が語源である。

　ここから，simulate は，「まねる，模擬実験をする」との意味をもち，名詞形に simulation や simulator がある。英和辞典を引くと

simulationには「見せかけ，にせもの」といった意味のほか，精神医学の分野で使う「詐病(さびょう)」が載っている。サッカーでもわざと大げさに倒れたりする反則をシミュレーションという。

契約交渉や裁判でも，事前にさまざまな事態をシミュレーションして対策を練る必要がある。ただ，シミュレーションを働かせ，性悪説に立って相手の出方や最悪のシナリオを想定しておくといっても，simulateの原義は，自分が何者かになる，あるいは他人をまねることを内容とするのでこれからは離れてしまう。

場合によっては想像力をたくましくして，相手方当事者がどのような行動に出るか，信頼を裏切って契約の精神に反することを平気でやるおそれはないかをシミュレートすることを「シミュレーション法務」と呼んできた。これだと原義からはたしかに離れるが，シミュレーション法務の基本は相手方の立場で物事を考えてみる点にある。

また，simulatorには訓練用に実際と同じ状況をつくり出す「模擬実験装置」の意味があり，法律問題を処理したり，契約交渉をしたりする際に最も重要なことは，相手の立場になって物事が考えられるかどうかである。取引関係は相手に有利なことはこちらに不利というように利益相反関係になるのがふつうであり，相手方になりきり（simulateして）検討することでかえってこちら側の弱点，リスクが見えてくるのである。

privacy, privity
プライバシー,権利関係

　privacy は,日本語の「プライバシー」でよく知られているとおりの意味をもつが,古くは「隠遁(所),隠居所」の意味もあった。privacy は private の名詞形で,語源は「公けの関係から切り離された」を意味するラテン語の *prīvātus* である。

　privity も,private の名詞形であり,その語源にあたるラテン語の *prīvātus* は,「一個人の,私的な,私人の」という意味をもつ。さらに元のラテン語 *prīvō* は「人から(公的なものを)奪い去る」との意味をもつ。privity は,ふつうの英和辞典には載っていない英語だが,private「個人の」と同じ語源をもつ。

　private は,「プライベートな話」のように日本語でも使う。「個人的な,私的な」がふつうの意味だが,「非公式的な,民間の,非公開の」としても使う。同じ語源から生まれ,privity に近い語に privy がある。これは「内々関与して知っている」を表し,be privy to the secret は「内々その秘密を知っている」である。名詞形で privy には,「屋外トイレ」の意味もある。

　privy や privity には,日本語のプライベートにつながる意味とは別に,法律用語としての意味がある。privy の partaker(関係者)としての意味である。partake は何かを「共にする」であるから,「ある行動,事業などに役割や利権(part or interest)をもつ者」が privy であり,「利害関係者」といってもよい。

　privity にさらに法律的な意味が加わると,「法律上認められた 2

当事者間の関係，取引などにおける当事者相互の利害関係」となる。distributorship agreement（販売店契約）中の典型的な privity clause の内容は以下のようなものである。

"The relationship hereby established between Manufacturer and Distributor shall be solely that of seller and buyer and Distributor shall be in no sense representative or agent of Manufacturer."
「本契約によって製造者と販売店間に設定された〔法律〕関係は，もっぱら売主と買主のものであり，いかなる意味でも販売店は製造者の代表または代理人ではない。」

　私的なビジネス上の契約で当事者間，しかも役割を分担しながら事業を共に行う2当事者間の関係を述べているので，privy の関係といってもよいであろう。privy や privity は，プライベートから連想するのとは異なる意味で使うと述べたが，企業同士の私的な契約関係の中味であるから，単に contractual relation（契約関係）よりは，ふさわしい言い方であろう。

　このように代理関係ではないと断る理由は何かといえば，販売店（distributor）はいったん販売目的物を買い入れ，それに利益分をのせて転売する形で販売をするのに対し，代理店はメーカー（売主）の代理人として買主に物を販売し，コミッションベースで報酬をもらう。代理人が本人のために行った代理行為の効果は直接本人に帰属するので，メーカーは売主かつ製造者として製品の瑕疵・欠陥について買主に責任を負わなくてはならない。

　さらに，国によってはかなり強い効果をもつ代理店保護法を制定しており，代理店と販売店とで適用上差を設けることがある。こうした法的責任を明確にするのが privity 条項の目的である。

approval, consent, license
認可，承諾，許諾

　すべて「承諾」の意味で使うが法律用語としてはそれぞれ異なる場面で使い分ける。

　approval や consent と似た意味の英語に assent がある。承認や認可というより「同意，協賛」を表す語で assent and consent というと「イギリス議会の協賛」を意味する。assent の語源は「同意，賛同，追従」を表すラテン語の *assentātiō* である。

　approval は，官公庁による公的な「認可」を表すことが多い。英米の法律用語の特徴である同義語重複の表現で approval and consent と並べて使うことがあるが，その場合は「承諾と同意」と訳してもよいであろう。ただ，approval と consent をそれぞれ使う場合で比較するならば，主として approval が官公庁による「認可」のように上下関係をもとにした言い方であるのに対し，consent が契約当事者間のように対等に近い水平的な当事者間での同意を表す点に違いがある。

　approval は，「賛成する，承認する」の approve の名詞形である。approve は，*ap* + *probō*（= to prove）から成るラテン語の *approbō* が語源で，「是認する，許可する，(神々が) よしとする，満足のいくものにする，証明する」を意味する。

　consent の語源にあたるのは，「共に歌う」を表すラテン語の *concanere* である。そのため，consent には，提案や申出に対して自発的に感情的に「同意」する意味が含まれている。より直接的な

語源で，consensus「コンセンサス」の語源でもあるラテン語に *consentīre* があり，「共に感じる」が原義である。

アメリカの反トラスト法の下でFTC（連邦取引委員会）の審判手続において下される consent decree は「同意審決」と訳され一種の和解的解決になることから実務上重要である。

license は，「運転免許」のことをライセンスと称するなど日本語としても定着している。法律用語としては，「免許」や「認可」を表すほか，特許やノウハウのライセンス契約（license agreement）において，「実施許諾」に使う点が重要である。

license の語源は it is allowed「許されている」を表すラテン語の *licentia* である。「合法の，適法な」を表す licit という英語も同じ語源から生じた。license の綴りは，イギリス英語では名詞だと licence とする。動詞ではイギリス英語でも license と綴るのが一般的である。

---── 都市名, 地名の語源 ──---

ニューヨーク (New York)

現在のニューヨーク市マンハッタン島にヨーロッパからきて最初に上陸したのは17世紀, オランダ人であり, この地を *Nieuw Amsterdam* (ニューアムステルダム) と呼んだ。18世紀に入り, イギリス艦隊がオランダ人を追い出してマンハッタン島を占領し, ヨーク公にちなんで, New York と改名した。

なお, ヨーク公は, 正確には the Duke of York and Albany といい, のちにジェームズ2世 (James II) になった。そのためか, ニューヨーク州の州都は, ニューヨーク市の北にある人口約10万人の Albany におかれている。

ロサンゼルス (Los Angeles)

スペイン語で「天使たち」(the angels) を意味する *los angeles* から名付けられた。略称は L.A.で, アメリカ合衆国第2の大都市を抱えるカリフォルニア州はかつてスペインの統治下にあった。そのため, 都市名だけでなく, 同州には会社法のように一部スペイン法の影響を残す法律がある。

ワシントン (Washington D.C.)

アメリカ合衆国の首都で, 正式名は Washington D.C.である。D.C.は District of Colombia の略,「コロンビア特別区」, すなわち, どの州にも属さない連邦政府の直轄区であることを意味する。Colombia はコロンブスにちなんでいる。アメリカ合衆国の首都は独立当初フィラデルフィアに置かれていたが, どの州にも属さない特別地区に置くべきとの構想が持ち上がり, 1791年, メリーランド州とバージニア州が, ポトマック湖畔に, 260平方キロメートルの正方形の土地を連邦政府に提供して首都にした。(137頁参照)

Washington だけだとワシントン州 (the State of Washington) と混同

しやすいためD.C.をつけて表記するとの意味もあるが，同州はアメリカ西海岸のカナダと国境を接したところにある。

ロンドン（London）

語源は，Brittanniaの町を意味するラテン語Londiniumとされる。ちなみにBrittanniaは，古代ローマの属州であった大ブリテン島のローマ名である。

パリ（Paris）

語源は，「壁」を表すラテン語のpariēsとされる。古くはLutetiaと呼ばれたが，Parisiōrumとも呼ばれ，ゴール地方（Gaul）のケルト部族の1つを表した。

モスクワ（Moscow）

モスクワは，Moskva河の流域に位置しているため，その英語名でMoscowと呼ばれるようになった。

D.C.（District of Columbia）

Ⅲ 企業,組織

第一東京弁護士会所蔵のテミス像

business, enterprise, venture
事業,企業

 「ビジネス,事業,企業」を表す語としていずれもよく使い,日本語化しているが,正確な使い方は,語源を知らないとわからないといってよい。

 business の語源は,古期英語の *bisignis* で,*bisig* は busy の語源にあたるので,business は busy + ness,すなわち「忙しいこと」を意味する語である。もっとも,中世英語になっても,ほとんど「勤勉,努力,尽力」といった意味でしか使われなかったようである。いまでは business を「商売,仕事,営業」の意味に使うのが一般的であるが,日本でも「商いは飽きないに通ずる」というように,商売で成功しようと思ったら「勤勉」第一ということなのであろう。

 enterprise の語源は古期フランス語で「手に取る」を意味する *enterprendre* (= to take in hand) である。*prendre* は「つかむ,取る」を表す。このフランス語が中世英語に借り入れられ,enterprise として使うようになった。原義が「(チャンスを) つかみ取る」といった意味のため,enterprise は「(困難なことをする) 企て」,「(冒険的な) 事業」を表すのに用いる。抽象的に「起業心,冒険心」を表すこともある。

 venture は,いまでも「冒険」そのものとして用いる。

 Nothing ventured, nothing gained.「冒険をしなければ何も得られない。=虎穴に入らずんば虎子を得ず」

はよく知られた格言である。いまでは「冒険的事業，投機的企業」を主として表す語として使う。「ベンチャー（ビジネス）」として日本語にもなっているが，joint venture「合弁事業」が必ずしも冒険的な共同事業を意味するわけではない。「冒険」そのものをいうには adventure を使うほうが一般的である。

venture は，その adventure の ad 部分が取れてできた語である。元の adventure の語源はラテン語の *adventūrus*「起こりそうなこと」，あるいは古期フランス語の *aventur*「アバンチュール」にあり，これらが合わさって adventure になった。

industry も「事業」を表す。the broadcasting industry「放送事業」のようにであるが，個々の事業というよりは heavy industry「重工業」のように集合的に使う。また，一語で「産業界」を表すこともある。industry には「勤勉」の意味があるが，こちらのほうが語源に近い。

語源にあたるラテン語の *industria* は，diligence「勤勉」を表す。*industria* の原義は，building within「中の建造（物）」であり *indu*「in」+ *struere*「to build」から成る。なにかを勤勉につくり上げていくのが industry だと思えばよい。

法律英語と関係なく，the Shakespeare industry は「シェークスピア研究」であるし，

　"Poverty is a stranger to industry."「稼ぐに追いつく貧乏なし」の諺もある。

association, entity, partnership
協会,実在(物),組合

association は,「組合,協会」のほか「連合,提携」の意味でも使う。元の associate は動詞,名詞いずれでも使うが,名詞では「(仕事の)同僚,仲間」といった意味がある。英米の法律事務所 (law firm) では,会社でいえば,使用者・経営者にあたる弁護士のことを partner といい,従業員にあたる弁護士のことは associate というのがならわしである。大きな law firm「法律事務所」においては,partner, associate の中が,それぞれ,さらに senior 〜 と junior 〜 に分かれており,associate は senior partner をめざして厳しい出世競争を繰り広げる。

entity は,「実在(物)」を表す中世ラテン語 *entit(e)le(n)* から生まれ,実体や組織を意味する。もともと独立した組織体を指すので political entity は「政治的自主独立組織」,すなわち「国家」のことである。

法人のことを company (米) や corporation (英) ともいうが,legal entity というほうが正確である。日本では法人実在説(法人は自然人と同じように実在すると考える説)が通説であるが,この視点に立っても法人は,legal entity とするのがふさわしい。

partnership は partner から派生した語であることは一目でわかる。partner は,日本語の「パートナー」が意味するように,「仲間,配偶者,共同出資(経営)者」を表す。partner の語源は,「分かち合う人」を表した中世英語の *parcener* であり,これが part「分ける」

の連想でpartnerと綴りを変えたとされる。partnershipは,法律用語として「組合（契約）」を表す。株式会社のような物的企業体ではなく,人的組織体として「合名会社」を意味することもある。

また,LLP（limited liability partnership）は,2005年8月から「有限責任事業組合契約に関する法律」の施行によって日本にも導入された。有限責任事業組合は,民法上の組合の一種であるから,柔軟で自由な経営ができる。その一方で,出資者の責任は限定され出資者に課税がなされるが組合には課税されない。いってみれば,株式会社の有限責任原則と民法上の組合の自由というそれぞれの長所をいいとこ取りした組織である。

現代企業社会においては,fund「ファンド,基金」があたかも経済主体のように,あるときは敵対的買収者として,またあるときは大株主として名乗りを上げたりする。

fundの語源は,bottom「底」を表すラテン語 *fund* である。

company, corporation, firm
会社，法人，商会

　ふつうの英和辞典で company を引くとまず出てくるのが「交際，付き合い」で，次が「仲間，友達」である。4, 5番目あたりにようやく「会社」が出てくる。英文会社名でよくみる ～ & Co. はもともと「…とその仲間」という意味である。**company** の語源は，「パン（食事）を共にする仲間」を表す俗ラテン語で，*com*「共に（食べる）」+ *pānis*「パン」でできている。companion「コンパニオン，仲間，友」は同じ語源の語である。

　company law の項を引くとイギリスでは会社法を表すが，アメリカではこれを corporation law ということがある。たしかによく知られたデラウェア州一般会社法は Delaware General Corporation Law という。そこで，corporation の項を引く。手許の卓上英和辞典では，「法人，会社，株式会社」とある。そのすぐ次の項には the Corporation Act「〔英史〕自治体法（非国教徒を排除するために地方自治体の官吏に忠順と国教信仰の宣誓をさせた条例（1661～1828））」とあって，会社法とはかなりかけ離れた内容をもつ古いイギリスの法律の説明がある。

　ふつうの英和辞典なので無理もないが，法律用語としての正確な概念の説明がなされてなく，それが混乱の原因にもなっているようである。会社法には「会社は，法人とする」（3条）としか書いていないが，会社は法人の一種であって，法人よりも狭い概念である。

　会社，法人を表す法律用語が現在では，イギリス，アメリカで異

なり逆転している。イギリスでは会社を company，法人を corporation というのに対し，アメリカでは逆になる。この"逆転現象"を最もよく表す語が joint-stock company ではないであろうか。これを手許の英和辞典は「(英) 株式会社」としている。ただ，別の英和辞典には「株式社団，株式会社」と説明がある。正確にいうと，イギリスでは「株式会社」でよいのだが，アメリカでは「株式社団」という株式会社とは異なる経営組織になる。

「株式社団」は聞きなれない語だが，ブラックの *Law Dictionary* をみると "Unincorporated association of individuals ～." とあるから，法人化されていない組合的な組織であることがわかる。出資者の有限責任も認められないとされているから，株式会社とは本質的に異なるものといわざるをえない。アメリカで株式会社のことは stock corporation といい，corporation 1 語でも株式会社を表す。同国の株式会社の名称に多いのは，～ Corporation あるいは ～ Inc. で，Inc. は incorporated の略で「株式会社化された」というのが直訳である。こうした名称からもわかるようにアメリカでは会社，とくに株式会社を表すのに company の語を使わない。

ではなぜ"逆転現象"が起こったかの正確なことはわからない。ただ，沿革的にいうとアメリカ合衆国は，イギリスと独立戦争を戦って建国された。独立当時の東部 13 州はいずれもイギリスが植民地につくった東インド会社的な company からはじまったという。

その company は，国王の勅許状（charter）に書かれた目的の厳しい制約の下で勅許主義によって設立されたものである。宗主国の company を通じた圧政に反発して独立を克ち取ったので，company を否定するところから国が始まったようなものである。その結果，自由設立主義に基づく corporation による自由なビジネス国

家ができたのではないかと思われる。

ちなみに，**corporation** は語源を辿るとラテン語の *corpus*「体」に行き着く。そこから「形づくる」意味の corporate の語が生まれた。

firm の語も会社を表すのに使うことがあるが，この語は比較的小規模な会社，法人化もされてなく，個人商店のやや大きくなった程度の「商会」などに使う。また，法律事務所のことは law firm，会計監査法人のことは accounting firm という。

firm の語源は，「確認」を表すラテン語である。これがのちに，「商業上の確認や署名」を意味するイタリア語，スペイン語となった。2人以上の人が集まり共同で事業を行うにあたり意向確認の署名をしたところからくる。

firm を辞書で引くと，「(2人以上の合資で経営される)商会，商店，会社」といった訳が載っている。ただ，firm の誰でも知っているのは，「固い，しっかりとした」という形容詞の意味であろう。語源の「堅い，堅固な」を表すラテン語から発している。

その後 firm は，イタリア語で「(商業上の)確認，署名」，スペイン語でも「署名」を表すようになった。2人以上の者が人的な結びつきである組合契約的な確認書面をつくり，さらにそれをもとに屋号として個人的な商会名をつくることが行われてきた。

法律事務所を law firm というのは，法人化が認められる前は，パートナーシップ契約による人的結びつきが多かったことによる。アメリカには，Sullivan & Cromwell のように創立当初の契約署名者の名をそのまま事務所名として使い続けている law firm は多い。

address, domicile
住所，居所

address は，日本語で「アドレス帳」のように広く使うが，英和辞典には「式辞，演説，請願」のような「住所」とはほど遠い意味が併せて載っている。the Address といえばアメリカでは大統領の教書のことである。

また，ゴルフでボールに対する足とクラブの構えをアドレスというが，これまた「住所」とはあまり関係がなさそうである。いずれも以下に述べる共通の語源からくるとわかれば納得がいく。

address は，*ad*「…へ（方向）」+ *dīrectus*「まっすぐ向ける」から成るラテン語が語源である。ここから，手紙を差し出したり，話しかけたりすることを表すとともに手紙の差し出し先，すなわち宛て先，住所を表すようになった。ゴルフのアドレスもボールに向けての構えである。

domicile は，「住所」というよりは，「居所，居住地」，あるいは「(生活の) 本居地」を表す。「(手形の) 支払場所」を表すこともある。domicile の語源は，「家，住居，故郷，家庭」などを表すラテン語 *domus* である。東京ドームのドーム (dome) の語源も *domus* で共通する。

また，domicile of choice といえば「寄留（地），本籍（原籍）地」であって法律用語として重要である。

stake, share
利害関係，分け前

stake の語源は，stick「棒，杖」と同じで，「突き通すこと，貫通」を意味する古期英語の *staca* あたりとみられる。現在 stake には，「杭，支柱」のほか「賭け（金），利害関係，（個人的）関与」といった意味がある。

なぜ「棒，杭」から，一見あまり関係のなさそうな「賭け，投資」の意味になるのかについては，「賭けとして杭（stake）の上に置かれたもの」の意味ではないかとされている。競馬には「…ステークス」と称するレースがあるが，この場合，馬主が支払う出場登録料の総額を賞金として提供するレースをステークスとよぶ。

いま stakeholder「利害関係人」の語が企業法分野では話題に上ることが多い。とくに，「ステークホルダー・エンゲージメント」は，CSR（corporate social responsibility 企業の社会的責任）の観点からも重要な取組み課題である。

stakeholder engagement を直訳すれば「利害関係者の約束」となるであろうが，わかりにくいのでカタカナの表示をしている。いま ISO（International Organization for Standardization 国際標準化機構）が策定した ISO26000 中の重要概念がこのステークホルダー・エンゲージメントである。

持続可能な社会の実現に向け，ISO26000 は，環境保護・人権の尊重といった普遍的な社会責任に関する行動基準を世界の組織に浸透させることを狙いとする。企業だけではなくあらゆる組織を対象

にするためにCSRのCをとりSR「社会責任」を求める。

ISO26000は,第三者認証を必要としないガイダンス文書として組織の自主的な行動を求めるが,特徴は多様なステークホルダーが参加する策定プロセスにある。2005年,ISOにワーキンググループがつくられて以来,政府,消費者,NGO,産業界,労働者,学術研究機関などさまざまなステークホルダーが検討に参加してきた。

ISO26000には,組織のガバナンス,人権,労働慣行,環境,公正な事業慣行,消費者問題,コミュニティ参画と社会開発などの内容が含まれ2010年11月から発行された。日本企業のなかには,こうした動きを先取りして,CSRレポートの内容に工夫を加えるところが出てきた。

ある大手損害保険会社の場合,CSRコミュニケーションレポートにおいて,ステークホルダー・エンゲージメントを前面に打ち出し,これに基づく新たな切り口でCSRの取り組みを探させようとしている。同社にとってステークホルダーは顧客,代理店,株主,投資先企業,行政,NPO,従業員などを指す。また,エンゲージメントとは相互の自発的な協力関係を築きながら意見交換し,相違を認識しつつ,共通の基盤を明らかにした上で解決方法を模索しながら信頼関係を築いていくことを意味する。

単なるコミュニケーションと異なるのは,ステークホルダーとの一方通行や相互理解だけで終わらずに「対話を通じて相互に責任を分かち合う」点にある。そのため,同レポートにおいては,NPO,代理店,企業とのエンゲージメントの内容を具体的に紹介している。NPOとのエンゲージメントとしては,SRI(socially responsible investment 社会的責任投資)の運用を通じて連携を図るために,日本で唯一の非営利・中立の評価機関であるNPO法人パブリックリ

ソースセンターによる企業の「社会的評価」を活用するとした。

ISO26000 の原案は 2009 年 9 月 14 日，国際規格原案（DIS）の段階に移行した。これが発行されれば組織が SR をその運営に取り入れる際の手引になるが，「SR の実施に関するガイダンス」中では「社会的責任の統合に関するガイダンス」として以下の項目を掲げている。

- ・一般
- ・組織特性と社会的責任の関係
- ・組織の社会的責任の理解
- ・組織への社会的責任の統合の実践
- ・社会的責任に関するコミュニケーション
- ・社会的責任に関する信頼性の向上
- ・社会的責任に関する組織の活動及び実践のレビューと改善
- ・社会的責任に関するイニシアチブの選択

これらの項目すべてに組織が単独で取り組むことは無理であって，さまざまなステークホルダーと協働するなかで取り組んでいく必要がある。ISO26000 は，企業にとっては，自ら行ったことを第三者機関に認証してもらうのではなく，多様なステークホルダーとのエンゲージメントを CSR の実現に生かしていく方向に対応を変えるきっかけになるであろう。

share は，「すき先，すき刃」を表す古期英語の *scear* を語源とする。「部隊，群」を表す現在のドイツ語の *Schar* も，同じ語源から生まれた。こうした「分けられたもの（人）」との原義から，share は「分け前，割当（分），参加（分），出資，株（式）」などをひろく意味する。日本語でも「…をシェアする」といえば，「分け合う，共有する」の意味で使う。

会社において shareholder といえば「出資者」であり，株式会社であれば「株主」である。「株式会社は誰のものか」と問われれば，理論的には「株主のものである」といってよい。ただ，会社は取引先，消費者，従業員など株主以外にも多くの重要なステークホルダー（利害関係人）に囲まれており，それらの利害をどう調和させていくかが，コーポレート・ガバナンスや CSR の大きな課題になった。

なお，株主のことをアメリカでは stockholder ということが多い。これは株式のことを stock と称するところから生まれた言い方である。stock の語源は「（木の）幹」を表す古期英語の *stoc(c)* であり，そこから「蓄え，蓄積，在庫」や「資本」の意味が生まれた。

株式会社において資本は割合的単位である株式の集まったものであるため，stock=shares との関係が成り立つ。

輸出入などの割り当て量のことを quota という。quota の語源にあたるのは，ラテン語の *quota*（*pars*）である。原義は「どれだけ大きい（部分）か」（how great（a part），how much）であり，「どのような数で」は *quotus*，「どれだけ多く」は *quot* という。

concern, interest
事業，利権，利害関係

concern のふつうの意味は，「関心事，関係」といったところであるが，ここから，「(共同出資者などの) 利害関係」，「事業，会社」といった意味にも使う。

concern の語源は *con*「ともに，まったく」+ *cernō*「識別する，見分ける」から成るラテン語で，「ふるいにかけて混ぜ合わせる」が原義である。共同事業に人が出資するニュアンスは何となく伝わってくる。have a concern with 〜 は「…の共同出資者である」と訳すことができる。

企業集中の典型形態としては，トラスト，カルテル，コンツェルンがあるとされてきた。コンツェルンは，concern から生まれた語で，各産業分野の企業が 1 つの持株会社，あるいは銀行の下に支配，統制される独占形態である。カルテルやトラストよりも集中度は高く，解体前における三井，三菱，安田，住友などの旧財閥組織はこれであった。

concern の法律・会計分野での重要な用法が，going concern である。going は「継続中の」を，concern は「事業，企業」をそれぞれ意味し，企業会計の分野では「継続企業の前提」を指す。

企業会計は，ゴーイングコンサーンの前提に基づき一定期間を区切って損益計算などが行われる。この前提は企業がひき続き継続的に存続できるかどうかを検証することで成り立つ。会計監査人は，この点に疑問がある場合，監査報告書に「…の格付けが引き下げら

れており，この状況下で継続企業の前提に関し重要な疑義が存在する」といった追記をする。

2008年9月のリーマンショック以降，企業業績の急激な悪化に伴い，四半期財務諸表に継続企業の前提に関する注記や監査報告書に上記のような追記が付される企業が増加した。2009年3月期決算で，最も懸念されているのは，急速な景気悪化によって，資金繰りの見通しが立たないとして監査法人が監査意見を表明できないケースである。

金融機関からの企業の借り入れには，通常，コベナンツ（財務制限）条項を入れ，期末の自己資本比率を一定以上に保つなど具体的に誓約事項を規定することが多い。誓約事項を守れない場合，借手企業は期限の利益を失い融資金の繰り上げ一括返済を求められる。

2009年3月期の決算では，コベナンツを守れない企業が続出するおそれがあった。期限の利益喪失に踏み切るか否かは貸手である金融機関の手に委ねられる形にならざるをえないことから，金融機関が強硬手段をとらないとの保障がないと継続企業の前提に疑義をつけざるをえないとする監査人は多い。

こうした"危機的状況"に対応するため金融庁・企業会計審議会は，急遽，監査基準の改訂に踏み切った。継続企業の前提は，2002（平成14）年の監査基準の改訂に際して，当時企業破綻が相次ぎ利害関係者の要望が強くなったことなどを背景に，国際監査基準（ISA International Standands on Auditing）でも義務づけられていたことから導入された。

ただ，日本では，経営者が継続企業の前提について評価し，その結果について財務諸表に注記することについては，明確な会計基準が存在していなかった。そこで財務諸表規則にしたがって継続企業

の前提に関する開示の実務が行われてきたが，たとえば形式的に 2 期連続赤字の場合には記載することとするなど国際会計基準とも整合していない点があった。そこで，企業会計審議会では，財務諸表規則を改訂し継続性に疑義が生じ，改善のための対応を経てもなお不確実性が認められた場合には，理由などを合わせて注記することを検討している。

こうした財務諸表規則の改訂と合わせ，監査基準においても，国際監査基準における監査の実施手続と同様の手続を明確化することになった。すなわち，監査人は，継続企業の前提に重要な疑義を生じさせるような事象または状況が存在すると判断した場合には，当該事象または状況に関して合理的な期間について経営者が行った評価及び対応策について検討した上で，なお継続企業の前提に関する重要な不確実性が認められるか否かを確かめなければならないこととし，経営者が行った継続企業の前提に関する評価の手順を監査人においても確認するものとした（2009 年 4 月 9 日，企業会計審議会監査部会決定）。

interest は，*inter*「間に」＋ *est*「存在する」から成り，*est* はラテン語における be 動詞である。「間に存在する」との漠然とした原義から，「関心（事），興味」という concern とほぼ同じ意味をはじめ，「利害関係，利権，権益，利息，金利，利子」などの多様な意味が導かれる。

interest には，集合的に「（同じ利害をもった）同業者たち」といった用法もあり，the banking interest は「銀行業者」である。また，コンツェルンと同様に，〜 interest といえば「…財閥」を意味する。

conflict, independence
利益相反，独立

　conflict の法律用語としての重要な使い方は，単なる「対立，衝突」ではなく，利害や意見などの対立，利益相反である。conflict of interest といえば正確であるが，conflict だけでも「利益相反（行為）」を表すことがある。

　conflict は *con*「共に」＋ *fligere*「打つ」，すなわち「ぶつかり合う」を意味するラテン語から派生した。法律と法律がぶつかり合うことは，国によってその内容が異なる以上避けられない。そうした衝突状態を整理，解消するためのルールが抵触法，国際私法で，これを conflict of law rule という。private international law ということもあるが，アメリカ合衆国のように州ごとに実体私法が異なり，州際私法というべき場合もあるので前者の英語のほうが適している。

　とくに大規模な法律事務所（law firm）の場合，依頼者から仕事を受ける前に世界中の拠点に情報を流し利益相反的状況がないかどうかをチェックするが，これをコンフリクトチェック（conflict check）と呼ぶ。たとえば，ある会社から買収防衛の相談を受けた後で，事務所の別のチームが「敵方」企業から敵対的買収のやり方について相談を受けていたことが判明するのではお粗末すぎる。

　企業においても取引に係る利害関係がどのような状況にあるかをよくチェックしないといけない。さもないと取引先が敵対的買収の敵，味方に分かれ裁判の場で争うといった事態においては，最悪の場合一方の取引先との取引が差止請求の対象にされかねない。

日本でも敵対的企業買収（hostile M&A）が珍しくなくなった。日本企業同士敵対してにらみ合いを続けていると，どこからともなくホワイトナイト（「白馬の騎士」が直訳。正義の味方）が登場して友好的 TOB をかけたりする。

　「敵」，「味方」が入り乱れての買収合戦が繰り広げられるが，利害が対立する相手が敵で，利害が一致するのが味方であることまではよくわかる。ただ，敵か味方を判断するのは誰か，「敵の敵は味方」（Enemy's enemy is a friend.）というけれど本当にそうかまで考えるとよくわからなくなる。敵対的企業買収の場面で，「敵」，「味方」を区別し，判断するのは，買収対象になった会社の現経営陣である。なぜかといえば，現経営陣の反対を押し切って無理矢理その会社の経営支配権を取得しようとする場合をいうからである。

　取締役は会社に対して忠実義務を負う（会社法 355 条）ので，自己の利益を会社の利益よりも優先させることは許されない。そのため，取締役が自己または第三者のために会社と取引する場合などは規制を受ける。

　現経営陣がある買収（希望）者を「敵」と判断して買収防衛策を講じようとする際に大きなリスクとなるのは，単に取締役がその地位を追われないように「自己保身」のためにつくった防衛策ではないかと疑われることである。株主からみると企業価値を高めるであろう"良い敵対的買収者"まで排除されたのではかなわない。

　このように買収防衛策には取締役による行為に利益相反性があるため，その点を経営陣が良く理解し，最終的に株主の賛同を得られるかがポイントになる。とくに"究極の防衛策"といってもよい MBO（management buy-out）においては，コンフリクトが最大の検討課題になる。

Ⅲ　企業，組織

　MBO は経営陣がその会社の株式を取得し，支配権を手中に収めようとする。取締役が会社を支配しうるだけの株式を取得するわけであるから，そもそも MBO にはコンフリクトが内在する。とくに，会社の利益を第一に考え，株主の利益を代表すべき立場の取締役がその責務を果たさないで株価が低迷しているのをよいことに自己の利益のために行う MBO は認められないとする意見が多い。

　MBO などの場面では，利益相反行為によって会社の利益よりも自己または第三者の利益を優先させているのではないかとの疑いを晴らす必要がある。そのためには，利害関係から独立した社外役員の果たす役割が大きい。

　その場合の「独立」は independence であり，問題となる利害関係から独立し，利益相反関係にはないことを意味する。

　independence は，*in*（否定の意味を表す接頭辞）+ *dependence*「依存，頼ること」から成る。depend は，*de*「下へ」+ *pendēre*「掛ける」，すなわち「…からぶら下がる」を意味するラテン語を語源とする。

　the Independence Day といえば，アメリカ合衆国の「独立記念日」で，7月4日である。independence の語はそもそも何からの独立であるかの見極めが用法上最も重要である。independence of outside help は「外部の援助からの独立」であるが，たとえば独立取締役は，何から「独立」しているべきなのであろうか。

　答えは director の言葉の「本来的」意味から導かれる。director は direct + or で，「指導，指示，あるいは監督する」+「人」が元の意味である。さらにいうと，direct は，「まっすぐにする」を表すラテン語から生まれ，di「離れて」+ rect「まっすぐにする，支配する」が原義である。したがって，director は，もともと一歩離

れた立場から正しい方向に他をリードする指導者的存在のこととわかる。

英和辞典には，会社の取締役の意味のほか映画監督や指揮者の意味が並んでいるので，元の意味からは理解しやすい。では，independent director として「独立」を強調するときは，何からの「独立」が問題になるかといえば，業務「執行」からの独立である。とくに日本の会社の場合，取締役が業務執行者を兼ねていることが多く，取締役会（board of directors）による監督機能が十分に果たされてこなかったきらいがある。監督は監査と同様に，監督，監査をする者とされる者が同一人でないほうがより適切に行われうる。

「取締役」の日本語も元をたどれば，幕藩体制時代の役職名からきたもので，その名のとおり，取り締まり，監督を役割としたらしい。そうなると director を取締役と訳したのは適訳だったことになるが，日本の場合，「代表取締役」の語が示すように対外的に会社を代表して行動する業務執行権限をもった取締役がトップにいる。平取締役も「取締役総務部長」，「取締役財務部長」といった肩書をもち，業務執行権限を併せもつ取締役が多くを占めるのがふつうである。

取締役に本来の取り締まり，監督機能を適切に果たしてもらうには，業務執行から離れてもらうほうがよい。そこで，アメリカ型経営監督機構の委員会設置会社においては，取締役会と執行役（員）を原則分離する。director と officer の頭文字をとって D&O 制と称したりするが，これだと director は，日常的な会社の業務執行に携わるわけではないので非常勤かつ社外（outside）であって支障はない。

アメリカでは証券取引所の規則によって 1970 年代から上場会社

に社外取締役の設置を求めるようになった。この場合の「社外」は「社内」に対する言葉であるから，過去において会社の従業員や役員でなかったことを要件にするなどがふつうであった。ただ，そのうち「社外」には違いないが，CEO（最高経営責任者）の友人，親戚，会社の主要な取引先の役員であるといった人たちと経営陣との「馴れ合い」が不祥事を増長する結果を生んでしまった。

この反省から，アメリカやイギリスでは，法令および証券取引所規則ほかによって「社外」に代え「独立」を要件にするように変わった。

「独立」は「社外」要件よりも厳しく，社外性に加え，資本関係，取引関係，人的関係などの面から執行陣からの独立性を求める。業務執行の監督機関として日本の多くの会社では，英米の会社法にはないドイツ法由来の監査役（会）が置かれる。

そのため，取締役だけに独立性を要求するのではなく，監査役も含めた要求となり，2009年末の証券取引所規則改訂によって上場会社に「独立役員」1名以上の確保義務を課すことになった。

なお，「自由な意思によって行動する」との意味でvoluntaryを使うことがある。voluntaryの語源は「自由意思」を表すラテン語の *voluntās* である。

board, commission, committee
会議（体），委任，委員会

これら3語いずれも「委員会」と訳すことがあるが，語源からくる違いをしっかりおさえておくことは重要である。

board は，会社の取締役会を board of directors と訳すのがふつうである。役員会や法人の理事会を単に the Board と略称することも多い。アメリカ合衆国の中央銀行に当たる連邦準備理事会は the Federal Reserve Board（FRB）という。board of education は，同国の自治体における公立学校を監督する組織であるが，日本ではこれを「教育委員会」として導入した。

board の語源は，古期英語で「へり，縁，板」を表した *bord* である。この語は，海事で「舷側」も表し，boarding には，「板張り，（賄い付きの）下宿」のほか，かつては「（敵船の）舷側にせまること」の意味があり，現在でも「乗船，搭乗」として使う。

commission は，「手数料・コミッション」としてもよく使うが，「委任，委託」を表すところから発している。すなわち，コミッションは，もともとは委託事務に対する手数料のことであり，「委員会」を表すことがあるのは，官庁などから，一定の事項の調査・管理などを委託された組織の意味においてである。

commission は，comit から派生した語でラテン語の *com*「…と共に」+ *mittere*「送る，譲る」から「委ねる」の意味がある。*committere* はもともと「競技のおぜん立てをする」を意味した。

国の組織として独立行政委員会制度がよく発達しているのがアメ

リカで，重要な分野に the Federal Trade Commission「連邦取引委員会：FTC」, the Securities and Exchange Commission「証券取引委員会：SEC」などを配置している。

committee はより直接的に「委員会」や「(集合的に) 委員」を表す語である。commit「委託」+ ee「(を) 受ける者」で成るからである。「実行委員会」は an executive committee という。

「専門家委員会」を"a panel of experts"のように panel を使って言うことがある。panel は法律用語として「陪審 (員) 団」を指す点は重要である。panel の語源は「小さな布きれ」を表すラテン語の *pannum* である。

その昔，羊皮紙の一片を名簿に用いたことから panel が「名簿，登録簿」さらには「陪審員名簿」に使われるようになった。

ちなみに，日本の公正取引委員会の正式英語名は，the Fair Trade Commission である。略せば FTC でアメリカの FTC と同じであるが，日本の FTC は連邦の政府機関ではない。

president, executive
大統領・社長,行政部・経営者

　president は,組織や会議体の「長」を表す。大文字で始め,President といえば「大統領」である。会社でいえば「社長,頭取」,大学でいえば「総長,学長」である。

　アメリカ合衆国憲法第2編第1節(Article Ⅱ, Section1)には,「執行権は,アメリカ合衆国大統領に属する。」"The executive Power shall be vested in a President of the United States of America." と規定している。

　president は「preside する者」との意味の名詞である。**president** は pre「前に」+ side「座る」+ ent「人」から成る。preside の語源は,ラテン語の *praesidēre* であり,*sedeō* が,「座る」を意味する。president は,こうした原義からわかるように,人々の一番前に座ってリーダーシップを発揮することを期待される。

　executive は名詞では,企業の業務執行役員,経営者,あるいは官庁の行政官を表す。アメリカでは,上記合衆国憲法の条文からもわかるように大統領に行政権が委ねられているため,the Chief Executive といえば合衆国大統領を指す。企業においては,chief executive officer(CEO)が最高経営責任者であり,"President, CEO" の肩書をもつことが多い。

　executive は execute から派生した。execute は,ex「外へ」+ secute「続く」から成り,secute の語源は,「追随する,追う」を意味するラテン語の *sequor* である。execute の原義は「追及する」

であるため，最も厳しい責任追及である「死刑にする，処刑する」を execute の最初の意味として載せている英和辞典も多い。「(計画・目的などを) 実行する，達成する」,「(命令や職務を) 執行する」との意味はその次にくる。

日本語では，会社の社長を「経営トップ」のように言うことがある。たしかに top は「一家の長」の意味で使うことがあり，「首位の人」を表すので，the top of the management は「経営陣の最上位者」，すなわち社長でおかしくないであろう。

top の語源は，「ものの最高点」を表す古期英語の *top(p)* である。

leader「リーダー，指導者」を正式な最高経営責任者の意味で使うことはあまりない。軍隊や政治組織などの「首領」のほうがあたっている。ただ，leader は法律用語として「主任弁護人」，あるいは巡回裁判の「首席弁護士」を表す。leader の語源は，「導く人」を表す古期英語の *lǣdere* である。

なお，社長や上司を「ボス」ということもある。boss の語源にあたるのは，オランダ語で「親方」を意味する *baas* である。政界の大立物を指すこともあるように公式的な語として使うことは多くない。

fee, remuneration
報酬, 料金

　いま, 誰でも知っている日本語 fee の意味は, 「料金, 手数料」, 「報酬」であろう。ただ, fee の語源を辿ってみると, 「土地・財産の保有権」といった, 手数料からはややかけ離れた意味が載っている。

　封建制度のことは feudalism というが, feudal が「封の, 領地・封土の」を表し, feu は fee と語源を同じくし, 元は cattle「家畜」や property「財産」を表したラテン語の *feudum* から派生する。古来, 人が生命の次に大切にする資産が何であったかを考えればわかりやすい。

　農耕文化が生まれる以前, 人は主として狩猟や遊牧で生計を立てていた。遊牧民族にとっては, 牛や羊の家畜が最大の財産であるが, 豊かな牧草地を確保できるかどうかも重要である。農耕を目的に一定の場所に定住するようになれば, 土地の資産としての価値が増すとともに, 土地を区切り独占的に使用する権利を確保したいと考えるようになる。

　封建制度の「封建」は, 「封土を分けて諸侯を建てる」という中国・周時代の文献に由来する。すなわち, 領主が臣民に土地を分け与え, 臣民はその土地を領有し領内の政治の全権を握る制度が封建制度であるが, ヨーロッパでは 6 世紀頃から 15 世紀頃まで続いたとされ, 「封土」にあたる英語が fee であった。

　いまでも土地所有権のことを契約書などで fee simple というのは

このためである。fee にも限定的な与え方があったようで、"simple" は、この場合、法定相続人の範囲に限定のない、「永代」的意味をもつ。fee simple を「単純封土権」と訳すことがあるが、こうした内容からすれば近代民法における絶対性をもった土地所有権とあまり変わらない。

この時代、家来が戦いなどで手柄をあげたときに領主が与える「報酬」は土地だったのである。そのためか、いまでも報酬の意味の fee は、弁護士や医師といった「士業」などプロフェッションの報酬について使うのがならわしとなっている。英文契約中には、弁護士費用を表す attorney's fee の語がよく登場する。

remuneration も「報酬」として使うが、fee ほど限定的ではなく、広く人の仕事に対して与えられる「報酬」の意味で使う。語源は、「贈り物」を表すラテン語の *mūnerārius* に「与える」（to give）を表す *re* が加わったとみられる。『羅和辞典』には、*remunerator* で「報いる人」の意味が載っている。

なお、芸能人やタレントに支払う報酬を「ギャラ」ということがある。これは guaranty を略したもので、演劇などの出演者に出演料の最低保証をしたところからこういう。

agent, representative
代理人・行為者，代表

　agent, representative は「代理人」,「代表者」が法律用語としてふつうの意味であるが，語源を辿るとかなり違った意味が見える。

　agent を一般の英和辞典で引くと最初に出てくるのは「代理人，代理店」で，3番目あたりに「行為者，発動者」が載っている。

　agent の語源は，ラテン語の *agens* で，「行う者，行為者，犯人」の意味のほか「原動力，動かす力，動因，働きをなすもの」の意味がある。いまでも agent は「自然力」,「作用物，薬剤」で使い，chemical agent は「化学薬品」, bleaching agent「漂白剤」である。ベトナム戦争でアメリカ軍がまいた枯葉剤のことは Agent Orange といった。

　agent は，能動的に行為をする人（物）がもとの意味であることがわかったが，これに free をつければ「自由に自分の意志で行動を決定できる人」となる。スポーツ，映画，演劇などの世界では「自由契約選手」,「自由契約俳優」として使ってきた。プロ野球の世界での「FA 宣言」はこの使い方である。

　representative をやはり英和辞典で引くと，「代表者，代理人」のほか，「代議士，国会議員」の意味も載っているはずである。

　representative の語源に当たるのは，ラテン語の *repraesentō* であり，「再び出現させる，直ちに実行する，代理・代表する」といった意味をもつ。「代議士，国会議員」は，国民から選挙で選ばれた代表という意味である。そこで，同じ国会議員でも，日本でいえば

衆議院議員（代議士）についてしか使わないのが正しい。

アメリカ合衆国の場合，下院のことを the House of Representatives といい，上院は the Senate という。ちなみに senate は古代ローマ時代の「元老院」のことで，「老人，長老」を表すラテン語の *senex* が語源となっている。

「代理（権）」や「委任状」を proxy と呼ぶことがある。企業法分野では，proxy が株主総会における「株主による議決権代理行使の委任状」を表す。いわゆる敵対的企業買収の緊迫した状況下での株主総会においては，委任状を少しでも多く集めようと「争奪戦」が繰り広げられる。これを英語で proxy fight という。だが，似たような英語だが proxy war というと「代理戦争」になるので注意をしたい。

proxy の語源は，ラテン語で「財産事務管理，訴訟追行委任」を表す *prōcurātiō* である。

なお，集合的に「代表団」を delegation という。元の delegate には「(権限などを)委任する」との意味があり，名詞では「(組織の)代表(者)」の意味がある。

delegate の語源にあたるのは，「送る，派遣する」を表すラテン語の *de + legare* である。

acquisition, merger, takeover
（企業）取得，合併，乗っ取り

　企業買収を M&A と総称することも多いが，merger and acquisition の略である。この場合，acquisition は「企業取得」全般を表すので，「（吸収）合併」を表す merger よりは広い。吸収合併は対象企業を取得，買収する最も有効だがその方法の一つにすぎないからである。

　acquisition の元の acquire は *ac*「…へ（方向）」+ *quaerere*「求める」から成るラテン語が語源である。*quaerere* は，question「質問，疑問」の語源にあたる quaest と同根である。acquisition は，「獲得，利得物」を広く表す。

　merger の元の merge は，「沈める，浸す，（水が）飲み込む，（地中に）埋める」を表すラテン語の *mergō* が語源である。法人格ごと対象企業を飲み込む吸収合併のイメージが merger の語源から導かれる。

　takeover は，take over「（財務などを）引き継ぐ，（事業などを）引き取る」という昔からある表現をもとに「企業取得，乗っ取り」を表すようにつくられた名詞で，20世紀に入ってからアメリカで使うようになったらしい。

　TOB は takeover bid の略で，「株式等公開買付け」を表す。いわゆる敵対的な企業買収（hostile takeover）の常套手段が TOB である。TOB のまま日本でもよく使うが，アメリカでは tender offer「テンダー・オファー」ということが多い（202頁参照）。

group, party
(企業)集団，当事者

　group を法律関係で使うとしたら，会社法の分野で corporate group「企業集団」のように使うことが多いであろう。企業名と共に"〜 Group"と使うこともある。

　group の語源は，ゲルマン民族のうちフランク族の使っていた *kruppaz* である。同じ語源から「農作物，群れ」を表す crop も生まれた。

　party は，ラテン語で「分割，分配」を意味する *partītiō* あたりが元になり，フランス語で同じ意味をもつ *partie* もここから派生した。

　英文契約には必ずといってよいほど使われる単語で，その場合，契約当事者を表す。日本語になっているパーティーは人の集まりのことだが，もとの意味はほかから区別された特定の人や物のことである。

　海事法の分野で傭船契約のことを昔から charter agreement ではなく，charter party と呼んできた。party の語源は，「分けられた部分」を表すラテン語である。部屋の仕切りのことをパーティーション（partition）というし，そもそも一部，部分をパート（part）というが，同じ語源をもつ。charter party が「傭船契約」となるについては，party の語源にある「分けられた部分」が関係する。

　charter party は，ラテン語の *carta partita* から生まれたからである。charter の語源は，「1枚の紙片」しかも古代のパピルス紙を表

169

すラテン語で，ここから *carta* すなわちカルタ，カード（card），チャート（chart）といった語が派生した。

カルタだったら誰でも知っているが，*carta* はもともと 1 枚の紙片で，契約書も表してきたので，*carta partita* を直訳すれば「分けられた契約書」である。問題は，これがなぜ傭船契約を表すようになったかだが，パピルス以前の昔にまで話は遡る。

その昔，紙ができる前は，重要な契約は羊の皮に書いた。双務契約であれば当事者は同じ内容の署名済契約を 1 枚ずつもたないといけない。紙のない時代には羊の皮に，契約内容を書き，鋭い刃物で真ん中をわざと不規則に分け，後に切断面を合わせればその時の片方かどうかが分かるようにした。

紙の時代になってからも 1 枚を切り分けるあるいは 2 枚を重ね上部を不規則に切って，1 枚ずつ当事者が保有した。上部のギザギザが鮫の歯のようにも見えるため，deed indented=indenture と呼ぶようになった。いまではデジタル文書を含めさまざまな偽造，変造防止のやり方が工夫されているが，indenture に文書管理の原型を見ることができる。

傭船契約の場合，必ず船主（owner）と傭船者（charterer）の 2 当事者が登場する。さすがに羊の皮に書くほど古くはないにしても，歯型捺印証書のように 2 通に分け 1 通ずつ持ち合う契約書の代表例のように傭船契約が締結されてきたことから，次第に charter party と称するようになったらしい。

法律文書では，裁判手続きなどにおける当事者との意味でも party を使うが，契約の当事者をいうのと同様，ほかから分け隔てられた特別の人（々）であることには違いない。また，政党のことを political party というのも政治的に同じような考え方の人々の集ま

りだからである。

　the Boston Tea Party「ボストン茶会事件」は，アメリカ合衆国建国前夜の歴史上重要な出来事である。1773年，イギリス政府の茶に対する重税政策に抗議してアメリカ植民地の人々がボストン港に停泊中であったイギリス船から海中に茶を投棄した事件を指す。以来，アメリカでは，「抗議行動」や「騒動」のことを Tea Party と呼ぶようになった。

comfort, subsidy, support
支援，助成金，後援

 似たような意味に使うが，法律用語としての使い方にはそれぞれ特色がある。

 comfort は，com「すっかり」＋ fort「強い（状態にすること）」から成る。fort の語源は，「強い，たくましい，強力な」を表すラテン語の *fortis* である。したがって comfort は，ふつうの英和辞典で最初に出てくる「慰め」よりも「支援，援助」のほうが語源に近い。

 subsidy を辞書で引くと，「補助金，助成金，交付金」といった意味のほかにイギリスの「（王室用に徴収した）臨時特別税」の意味が載っている。**subsidy** は，*sub*「下に」＋ *sedēre*「座る（＝ sit）」から成り，語源にあたるラテン語 *subsidium* は，もとは「予備軍，援軍，加勢」といった軍事上の意味の語であった。

 この原義から，同類の subsidiary には「補助の，補足的な，従属する」との形容詞としての意味，および，「子会社」という名詞としての意味が生じた。

 2006年5月から施行になった会社法は「子会社」の定義をそれまでの議決権の50パーセント超を基準とする形式基準から，親会社からの一定の支配権が及び得るかどうかの実質支配基準に変えた。

 support は，sub「下に」＋ port「運ぶ」が原義であり，ここから「下から支える」，さらに「支援する」との意味になった。語源にあたるのは，「運び上げる，輸送する，耐える」を意味するラテン語の *supportō* である。法律用語としては，「扶養，養育」あるいは

「(会社などの)運営費」などの意味に使う。

　企業法務でよく使う文書に letter of comfort や support letter がある。意味はほぼ同じで，典型的には親会社が子会社の支援目的で出す「経営指導念書」的文書である。内容次第でいずれも letter of guaranty 同様の法的拘束力をもつので注意を要する。

　ただ，comfort letter というと，狭義では M&A や社債発行の取引に際し公認会計士 (CPA) が出すところの前回監査後会社財務に大きな変化はない旨の意見書を指し，これを「『慰励』の監査意見書」と訳している辞書もある。letter of comfort を略したつもりで comfort letter というのは避けたほうがよい。親会社が子会社支援の目的で出したレターが会計士の監査意見と間違われてもまずいからである。

hub, center
中心，中枢

　いずれも「中心」を表すが，何の中心であるかによって使い方，意味合いが違う。

　hub の語源は定かではないが，「暖炉，壁炉 (fireplace) の両側の棚」を表す hob が転じたのではないかとされている。hob には「レンジの平らな上面のこんろ加熱部」，「らせん状に切刃のある回転切削工具」，「輪投げ遊び（の標的棒）」などの意味があり，何となく，hub の「中心」イメージが湧いてくる。**hub** の語源に近いのは，lump「かたまり」を意味する *hubbe* である。

　hub は，いまでは車輪やプロペラの円筒形の中心部のことをいう。そこから，抽象的に活動の中心や中枢を指すようになった。日本では「羽田のハブ空港化」のような使い方をするが，これは hub-and-spoke 方式，すなわち周辺空港間の便をすべてセンター空港に集め，周辺空港間の直接空路を設けない空路システムの空港といったほうが正確である。またハブは，コンピューター・ネットワークの中心となる集積装置も表す。

　1990 年代後半には，アメリカのある金融機関が開発し登録した「ハブ・アンド・スポーク金融サービス形態のためのデータ処理システム」と題する特許をめぐって，いわゆるビジネスモデル特許の紛争が起こった。

　内容は，複数の投資信託資金を単一の財布にプールして株式や金融商品で運用する際に，資金の有効な運用，管理費の節約，税法上

の利点などを短時間のうちに決定するというシステムであった。これについて特許が成立し登録された後に,別の金融グループに属する銀行が同様のハブ・アンド・スポーク方式を用いた金融サービスを始めようとしたことから争いになった。

　銀行は,「特許はビジネス・メソッド(手法)に関する内容なので適格性を欠き無効」であることの確認を求め,連邦地方裁判所に訴えを起こした。連邦地裁は,連邦最高裁判所の判例に従い抽象的なアイデアには特許性がないと判断した。

　知的財産権紛争を専門に扱う連邦巡回区控訴裁判所(CAFC Court of Appeals for Federal Circuits)に控訴がなされ,CAFCは1998年7月23日,数学的アルゴリズムあるいはビジネス手法に関する発明にも特許が認められ得るとして,連邦地方裁判所の判決を破棄し差戻した。上告受理の申立を連邦最高裁が認めなかったため本判決が確定したが,ビジネスモデル特許分野における先駆的裁判例としてよく知られている。

　ところでハブ・アンド・スポークス方式は,グローバル企業のコンプライアンス体制に欠かせない。コンプライアンスは「法令等遵守」と訳すのが一般的であるが,国や地域によって「法令」の内容が異なることを前提としないとグローバル企業の実効性あるコンプライアンス体制は構築できないからである。

　といっても,国や地域にある事業拠点ごとにコンプライアンスの基本方針やコンプライアンス・マニュアルを策定し,コンプライアンス・オフィサーを配置していくのは現実的ではない。ヨーロッパであればEU(欧州連合)の中心地であるベルギー・ブリュッセルに持株会社(ホールディング・カンパニー)を設立し,その傘下にEU域内の現地子会社を配置して統括をはかるシステムがよいであ

ろう。

　その場合には，ホールディング・カンパニーのチーフ・コンプライアンス・オフィサーがブロック内における各事業拠点からの情報集積機能をもつべきで，企業のグローバル展開に合わせて，北米地域，大洋州地域などにもハブ・アンド・スポーク的組織をつくるようにする。

　日本企業であれば各ブロックのハブに横串を刺し，企業グループ共通のコンプライアンス基本方針や企業行動憲章を実践していくためのシステムが求められる。これは日本の会社法令が要求する海外子会社も対象にした企業集団としての内部統制であり，さらに大きなハブ・アンド・スポーク的組織で情報を集積しなくてはならない。

　center（英式の綴りは，centre）の語源は，sharp point「中心点」を表すギリシア語の *kentrikos* であり，ここからラテン語の *centrālis*「中心の，中央の」が派生した。

　center は「中心」といっても，かつてシェイクスピアがこの語を「地球」を表すのに使ったとされるように，本来はかなりスケールの大きな文脈で使う。いわゆる中華思想的な「真ん中」を抽象的に表すにも用いたようだ。

　いまでは，「貿易センター」のような小さい文脈でも使うが，発想は円，すなわち一定のサークルにおける「中心」である。ちなみに中国語でセンターのことは「中心」である。

factory, plant, workshop
製造所，製造工場，作業所

　製造業の企業であれば，これらのうちのいずれかをもっているはずであるが，語源的には使い分けたほうがよさそうである。

　factory は，機械で製品を大量に生産する「工場」に使う。**factory** の語源は，「製作者，実行者」を意味するラテン語の *factor* である。fact といえば「事実，真相」であるが，かつては「行為，犯行」の意味があった。中世には，「仲買人，問屋」を意味するようになり，その後「工場，製造所」として使うようになった。

　plant は，大規模な「製造工場」に使う。たとえば，原子力発電所は nuclear power plant といい，factory など他の類似語はまず使わない。**plant** の語源は，「苗，植物」を表すラテン語 *planta* である。そのため，plant を辞書で引くと最初に出てくるのは「植物，草木」である。plant には，動詞で「植えつける，建設する」の意味があり，この転用で「設備，製造工場」を意味するようになるのは比較的最近のこととされる。

　workshop は，工場というよりは，小規模な「作業所」を表す。work「作業」+ shop「仕事場」から成るが，work には，一語で「工場，製作所」の意味がある（通常，複数形で使う）。work の語源は，古期英語で「仕事」や「製作物」を表した *weorc* である。これが「仕事場」の意味をもつのは近世に入ってである。

　shop といえば，「商店，小売店」がまず思いつくが，辞書には次に「製作所，仕事場，作業場」が載っている。その語源は，古期英

語で「小屋」を表した *sceoppa* とされている。shop には労働法の分野で重要な使い方が多い。union shop はユニオンショップとして知られるとおり，労働者が雇用後一定期間内に労働組合に加入しなければならない事業所のことである。

　製粉，製材，製紙，紡績などの工場については，mill を使うことがある。mill の語源は，「石臼」を表すラテン語の *mola* である。mill には，「(硬貨などの縁に) ぎざぎざをつける，貨幣打出機で造った」との意味がある。

check, monitor, review
監督,監視,再審査

いずれも日本語化しており,法律用語としてもひんぱんに使う。

check には,「妨害,阻止,検査,調査,小切手,勘定書」のようにさまざまな意味がある。スポーツ用語で相手のプレーをブロックすることを意味したり,チェスで「王手」を意味したりするのであるが,すべてが1つの語源から発しているのは興味深い。

check の語源は,「王(は死んだ)」(King is dead.)を意味するペルシャ語である。この原義からすぐチェスの「王手」は理解できる。事実,『語源辞典』には check の語は,アラビア語を通じ,チェス用語として多くのヨーロッパ諸語に借入れられたとある。

check には「(商品などを)精査した上で代金を支払う」との動詞としての用法があり,ここから,「(支払いの手段である)小切手を支払う」が生じ,名詞で「小切手」の意味も生じたらしい。

企業の内部統制,すなわち組織の内部管理体制には,P(plan)→ D(do)→ C(check)→ A(action)サイクルが必要になる。check の部分では,内部統制が基本方針のとおりに実施,運用されているかどうかをチェックし,是正・改善のアクションにつなげる。

monitor は monit する人(-or),すなわち「警戒,警告する人」が原義である。語源にあたるのは,ラテン語の *monitiō* である。「コンピューターのモニター」という使い方は日本でもおなじみのものであるが,monitor は,ラジオやテレビの送信状態をチェックする受信装置を表す。「監視人」が原義に近く,とりわけ外国放送

や公衆の「傍受者」を指していうこともある。

review は，re「再び」+ view「見る」で，「再調査，再検討，検査」などを意味する。view の語源は，ラテン語の *vedēre*「見ること」であり，動詞形は *videō* である。

review は，会計用語として重要な意味をもつ。2008 年の 4 月 1 日以降始まる事業年度から，上場会社等は各四半期終了後 45 日以内に四半期報告書の提出を義務づけられた。記載内容としては代表者確認書とともに，四半期連結財務諸表につき公認会計士または監査法人の監査証明が必要であるが，この監査手続では，いわゆる「レビュー」のレベルが前提となる。実施基準として企業会計審議会は，「四半期レビュー基準の設定に関する意見書」（平成 19 年 3 月 27 日付）を公表した。

レビューは，会計監査の分野では，年度の監査と比較して一段低いレベルの監査手続を指して使う。上記意見書の「四半期レビュー基準」は，「四半期レビューの目的」，「実施基準」，「報告基準」の 3 区分から成る。「目的」は国際的な基準との整合性も勘案し，四半期財務諸表の適正性に関する消極的形式による結論の表明をすることにあるとした。年度の財務諸表の監査においては，「すべての重要な点において適正に表示していると認められる」という積極的形式の意見表明であるのに対し，四半期レビューにおいては，「適正に表示していないと信じさせる事項はすべての重要な点において認められなかった」という消極的形式の結論の表明となる。

この点国際レビュー基準（ISRE International Standard on Review Engagements 2410）では「適正性」に関する保証，米国レビュー基準では，「会計基準の準拠性」に関する保証という位置づけである。

ombudsman, surveyor
行政監察官，検査官

ombudsman「オンブズマン」の語は，日本語にもなっているが，元はスウェーデン語であり，語源は古期北欧語に求められる。スウェーデン語の原義は，「法律上の代理人 (legal representative)」である。

オンブズマンは誰の「代理人」かといえば，国民や市民の代理人である。議会制民主主義の体制の下では，議会が行政機関の違法行為，不当な行動をチェックする仕組みがある。ただ，行政機関で働く公務員の数は多く，比較すればはるかに少数の議員が監視するのは無理といわなくてはならないので，行政機関が人権侵害などをしていないかどうかをオンブズマンが市民を代理して日常的に監視することにしたのである。

スウェーデンに始まったオンブズマン制度は，ヨーロッパ諸国で広く採用するところとなった。その内容は，スウェーデンのように議会が任命するのではなく，行政機関が設置，任命するフランスのようなやり方もある。EU（欧州連合）のオンブズマンは，ヨーロッパ議会によって任命され，EU の主要機関などにおける瑕疵のある行政につき，EU のあらゆる市民や EU 加盟国内に登録された営業所をもつ法人などからの苦情を受け付ける権限をもつ。オンブズマンは独立した立場で職務を遂行するので，いかなる機関もその職務に干渉することはできない。

日本には国政レベルでのオンブズマン制度はないが，自治体レベ

ルでは川崎市などいくつかの自治体がこれを採用している。川崎市の場合，市民オンブズマン条例に基づき議会の同意を得て2人のオンブズマンを市長が任命するが，オンブズマンは心身の故障があるときなどを除き原則として解職されることがなく独立性が保障されている。

海外には金融分野のADR（alternative disputes resolution 裁判外紛争解決制度）の一環としてオンブズマンを設置する例がみられる。イギリスの金融オンブズマン制度はその代表例といってよい。同国では，保険業界が自主的な取組みとして設置したオンブズマンが，2000年金融サービス市場法によって強制力を付与され法的なスキーム scheme になった。

日本では2008年12月，金融審議会が金融業界にADR機関の設置を事実上義務づける内容の報告書「金融分野における裁判外紛争解決制度（金融ADR）のあり方について」を公表した。この点，すべての金融サービスをカバーする金融ADRの設置という観点からは，イギリスなどヨーロッパ諸国ではむしろすべての金融セクターを包含する横断性を備えた単一の金融オンブズマン制度を創設する傾向が強いといわれている。

そのため，イギリスでは裁判に代替するというよりは，個人向けの紛争を中心としてはじめから裁判ではなく金融オンブズマンにより紛争を解決しようとしている。他方，アメリカには財務省傘下の通貨監督局（OCC Office of Comptroller of the Currency）にADRの機能があり，州レベルで金融業態ごとに縦割りで複数の組織がある。いずれのやり方がよいかは別として日本でも金融オンブズマンの導入を本格的に検討すべき時期にさしかかっている。

ombudsman を，英語で ombudsperson ということがあるが，元

Ⅲ　企業，組織

のスウェーデン語では -man となっていても男女共用の語であることが誤解されたらしい。

surveyor は，survey する人，すなわち「測量者（士），鑑定人（士），調査官，検査官」を表す。survey は，*super + videō*「見る」（= to see）のラテン語が語源で「上から見る」を意味する。ここから，「見渡す，概観する」，「（建物を）査定する」，「（土地を）測量する」が生まれた。

「検査官」は，inspector ともいう。inspector は，警察用語でもあり，アメリカでは「警視正」，イギリスでは「警部補」をさす。元の動詞 inspect には，「検査する」とともに「視察する」の意味もある。inspect の語源は，「詳しく見ること」を意味するラテン語の *inspecere* である。

「監査人」のことは auditor という。英和辞典には，「会計検査官，監査役」の意味が載っているが会社の機関である監査役のことは，corporate auditor あるいは statutory auditor としておいたほうがよい。外部の会計監査人と区別するためであり，corporate や statutory をつけることによって「会社法上の（機関としての）」の意味が明確になる。

auditor の元の audit の語源は，「聞くこと」を表すラテン語の *audire* である。このため，auditor には，アメリカ英語で大学の「聴講生」の意味がある。同じ語源で audience「聴衆」，audio「オーディオ」といった日本語でもよく知られた語がある。

archive, library
文書館,図書館

archive [á:rkaiv]は,「アーカイブ」として日本語にもなりつつあるが,「文書館,あるいはそこに保管された公的,歴史的な文書・記録」を指す。

archive の語源にあたるギリシア語の *arkhè* は,役所（public office）や政府（government）を表したので,もともとは「公文書記録場所」を指したのであろう。アーカイブには,アーキビスト（archivist）と呼ばれる文書係,記録係がいて専門的に文書の整理,保管を行う。

日本では,2009年6月,「公文書等の管理に関する法律」が制定され,2011年4月から施行になった。日本でも官公庁によるアーカイブを求める制度がスタートしたことになる。

企業はさまざまな文書や記録を作成し保管するが,デジタルデータ化された文書,映像,音声なども対象に入る。企業アーカイブは,そのためのシステム作りと内容を指すといってよく,現代企業社会においては,アーカイブによる適切な文書・記録類の保管ができているかどうかがその企業の命運を左右する。

それは,近年の一連の企業不祥事を振り返るとよくわかる。粉飾決算による財務報告面の不正,顧客情報の大量ネット流出,記録の改竄,事故後の記者会見におけるトップの不用意な発言など,広くいえば情報管理面の不手際,とくに個々的な文書・記録の不適切な管理によって窮地に追い込まれた企業の例は数え上げればきりがな

い。

　企業だけではなく官公庁による不適切な文書・記録管理は，宙に浮いた年金記録や薬害肝炎リスト放置などにみられるように，深刻な社会問題を生み出した。

　アーカイブの語を使うわけではないが，企業に適切な文書・記録の管理を求める法改定・改正が目立つようになった。代表的なのは，金融商品取引法の"J-SOX"と呼ばれている規定である。アメリカの"SOX法"（サーベンス・オクスリー法）にならって，企業（「上場企業等」）が財務報告の適正性を確保するための内部統制につき，経営者による内部統制報告書を有価証券報告書とともに提出することを求める。

　libraryは，「図書館，ライブラリー」としてより一般的に使われている。それもそのはずでlibraryの語源は「本」（book）を表すラテン語の *liber* である。*librārium* で「本を入れる箱」，*librārius* では「書物の」となる

　アメリカのロースクール（law school 法科大学院）にはそれぞれ立派な law library がある。法律関係の本が集めてあるのは当然であるが，なかでも各州における代表的なロースクールの場合，その州法の下での判例集や州法関係の膨大な資料が収められている。アメリカが州法を法制度の基本とする国であることがよくわかる。

185

record, document
記録，書類

　いずれも「記録」を表す語として使うが，語源を辿るとかなり面白いことがわかってくる。

　record は，*re + cord*，すなわち「心に呼び戻す」を表すラテン語から生まれた。語源にあたるラテン語 *recordātiō* は to remember，すなわち「思い出すこと，回想，想起」を意味する。ここから記録文書などの意味になるのであるが，記憶にとどめる手段として記録があると考えればよい。

　record は，記録といっても単なる記録文書などと違い，将来にわたって記憶にとどめ残しておきたい重要な「記録」に使う。法律の分野，とくに判例法（case law）のシステムである英米法にとって残しておくべき最も重要な記録は裁判記録，すなわち判決などの先例（precedent）である。

　そのため裁判用語としての recorder には，単なる「記録係」ではなく，市裁判所の判事の意味がある。とくにイギリスの法曹界では，法曹資格取得後10年を経過した弁護士（barrister, solicitor）で，クラウン・コート（イングランド，ウェールズの刑事裁判所）の非常勤の裁判官に指名された者を recorder と称する。

　さらに，英米法の国においては court of record とそうでない裁判所を区別している。前者は「正式記録裁判所」と訳されるように，record（正式裁判記録）が恒久的に保存することになっている。

　document の「記録」も語源をみるとけっして軽いものではない

とわかる。document の語源は，「先例」，「教訓」を表すラテン語 *documentum* であり，原義は「公式文書」である。「外交文書」のことは a diplomatic document と訳すのがふつうである。

さらに法律用語として重要なのは，document は動詞として「証拠書類を提供する」，「（…の事実を）文書によって立証する」との意味をもつことである。

　　The fact is well documented.「その事実は十分に立証されている」

のように使う。

ということは裁判用語としての document は，記録，文書といっても，裁判の結果である判決書や決定書ではなく，これを導き出す手段としての証拠書類のことであるとわかる。ここに record との大きな違いがある。

記録や資料を表す一般的な語に data があり，日本語の「データ」でおなじみである。data の語源は「与えられた事実」を表すラテン語の *datum* である。data はラテン語では *datum* の複数形であるが，いまでは data を単数でも扱うことが多くなった。

書類や文書を表す一般的な語に papers がある。paper「紙」の複数形で使う。paper の語源はギリシア語の *papyros*「パピルス」である。

solvency, soundness
健全性，堅実性

solvency は，「支払い能力のある，(財務上) 健全な」を意味する solvent の名詞形である。保険会社の財務の健全性を示す指標をソルベンシー・マージン比率というように使う。

ソルベンシー・マージン (solvency margin) は，保険リスクのなかで通常の予測を超える異常リスクや保険リスク以外の資産運用リスクなどに備え，責任準備金を超えて保険会社内部に留保される。ちなみに，margin は，「余白 (部分)，余裕」を表す言葉である。

一般に，異常リスクや資産運用リスクなどを足した合計額を定量化したものを保険会社の自己資本相当額で割ったものをソルベンシー・マージン比率といい，保険会社の支払余力を示す。どのように割り出したソルベンシー・マージン比率を保険会社に要求していくかについては，いくつかの規制方式がある。

日本では，1996年施行の保険業法によって，アメリカにならいリスク・ファクターによる計算式のフォーミュラ方式の規制を導入した。これに対しヨーロッパでは経済価値ベースの資産・負債評価にもとづき破綻確率論的モデルによって所要資本・最低資本を算出する新しい基準としてソルベンシーⅡの導入が進められている。

金融庁は，2006年11月，ソルベンシー・マージン比率の算出基準等に関する検討チームを発足させ同基準を大幅に見直すこととし，ホームページに「見直しの趣旨」として，

(1) ソルベンシー・マージン比率は，保険会社が通常の予測を

超えて発生するリスクに対し，どの程度の支払余力を有しているかを示す指標として，平成8年の保険業法改正時に導入されたものである。これまでも適時必要な見直しを行ってきたが，保険会社の財務体質の強化やリスク管理の高度化を図る観点から，現下の金融市場実勢と乖離したものとなっていないか精査していく必要がある。

(2) 見直しに当たっては，近年の保険商品の多様化，資産運用技術の発展，リスク管理手法の高度化などによる実態を踏まえるとともに，現在，議論されている国際会計基準等における保険負債の時価評価をめぐる動向も見極める必要がある。

とした。

　検討の結果は，2007年4月，「ソルベンシー・マージン比率の算出基準等について」と題する報告書にまとめられ，フォーミュラ方式に代えて経済価値ベースでの評価を目指すべきとした。

　同報告書は，短期的な取り組みとしてのリスク係数の見直しを含んでおり，この部分に対応して，2010年4月，ソルベンシー・マージン比率の算出基準に関する保険業法施行規則等の改正が行われた。2010年6月，金融庁は全保険会社を対象に「経済価値ベースのソルベンシー規制の導入に係るフィールドテスト」を実施し，2011年5月，その結果を公表した。

　solventの語源は，ラテン語の*solventem*であり，さらにその元はラテン語の*solvō*であって，「解決する，決着をつける，完済する」を意味するsolveの語源にあたる。ここからsolventが「完済することのできる，支払能力のある」を表すようになった。solventには，いまでも原義からくる「溶解力のある，人心を和らげる」といった意味がある。

solvent の反対語が insolvent である。その名詞形の insolvency には「支払不能, 債務超過」の意味がある。一般に, insolvency proceeding といえば,「倒産手続」のことであり, insolvency law といえば「倒産法」のことである。

soundness は,「健全な, 正常な」を表す sound の名詞形で「健全性, 堅実性」を意味する。sound といえば「音」の連想が強いが語源が異なる。「音」の sound はラテン語の *sonas* であり,「健全性」の sound は, 古期英語の *gesund* である。現在の英語でもある gesundheit は, 原義が health で, 乾杯のときに "To your health!"「健康を祝します」というのと同じである。

sound banking「健全なる銀行業」が近代銀行法の理念になっているが, その背後にあるのは預金者保護の思想である。

なお,「健全な」ですぐ思いつく英語は healthy であるが,「(人や動物などが) 病気にかかっていない, 体力がみなぎっている」を意味し, あまり抽象的, 法律的には使わない。元の health の語源にあたるのは,「完全な」を表す古期英語の *hǣlp* である。

bankruptcy, dissolution, liquidation
破産, 解散, 清算

　いずれも企業の倒産手続のなかの「清算型」に使う。「再建型」倒産手続は, reorganization「会社更生」, あるいは rehabilitation「民事再生」である (192 頁参照)。

　bankruptcy は, bankrupt「破産した, 支払不能の」の名詞形で広く「破産, 倒産」を表す。bankrupt の元はイタリア語の *banca rotta* (= broken bench「破壊された机」) で, 金貸しが破産するとその帳場, 店台が破壊されたことにちなんだとされる。これがフランス語に取り込まれ *banqueroute* になったが, bankrupt の語尾は *rotta* の語源にあたるラテン語の *ruptus* の影響という。

　アメリカの Federal Bankruptcy Code は, Chapter 7 に清算型倒産手続を, Chapter 11 (いわゆるチャプター・イレブン) に再建型倒産手続を含んでいる。したがって, これを「連邦破産法」よりは,「連邦倒産法」と訳すほうが適切である。

　dissolution は, 会社など組織の「解散」に使うが, 何かを「溶かす, 溶解する」を表す dissolve の名詞形である。dissolve は, *dis* (= apart) + *solvere* (= loosen) から成るラテン語から発し,「ほどいてばらばらにする」が原義である。

　liquidation は,「(負債などを) 清算する」,「(会社などを) 清算, 整理する」を表す liquidate の名詞形である。**liquidation** の語源は, liquid の原語で「液 (体) 状の」を意味するラテン語 *liqueō* から派生した。「液状の」は,「流動性のある」,「清算できる」につながる。

rehabilitation, reorganization
民事再生，会社更生

　日本法の下で再建型の倒産手続には民事再生と会社更生がある。法律でいえば，民事再生法と会社更生法で，それぞれ the Rehabilitation Law, the Reorganization Law と訳すことが多い。

　rehabilitation は，法律用語としてよりも「リハビリ」として日本語となった使い方が定着している。もともとの意味は，rehabilitate の「(何かを) 元の状態に戻す」，「修復する」からくる。rehabilitate は，*re*「再び」+ *habilitate*「適合する」から成り，habilitate の語源はラテン語の *habilitāre*「適合させること」，あるいは *habilitās*「適合性」である。

　民事再生法は，日本の倒産法制のなかでは比較的新しい。同法は，2000 年 4 月に，通常の再生手続を規定した法律として施行になったのち，2000 年 11 月に，住宅ローンに関する特則と個人債務者のための再生手続を付加，2001 年 4 月には，個人債務者更生手続として小規模個人再生，給与所得者等再生，住宅資金特別条項に関する特則を追加するなどの改正がなされた。

　reorganization は，「再編成する，改造する」を表す reorganize の名詞形である。reorganize は，*re*「再び」+ *organize*「組織する」から成る。organization の語源は，中世ラテン語の *organizātiō(n)* で，さらにその元は「道具，装置，楽器，器官」を表すラテン語の *organum* である。

　会社更生法は，株式会社の再建を目的とする会社更生について定

める法律であり，最初はアメリカの連邦倒産法第11章（いわゆるチャプター・イレブン）の前身である通称チャンドラー法をモデルに1952年に制定された。その後，2002年全面的に改正が加えられた。

　同じ再建型倒産手続を定めるといっても，民事再生法が主として中小企業を対象とするのに対し，会社更生法は大企業を対象とし，個人を対象とするのは民事再生法のみである。

　会社組織の「再構築」としては restructuring がある。日本では，「リストラ」として人員整理の意味で使うことが多いが，restructuring は，物的，人的両面での企業組織の再構築，合理化である。

　元の語である restructure は，re「再び」+ structure「組み立てる」から成る。structure の語源にあたるのは，「積み上げる」を意味するラテン語の *struere* である。

　structure には，「構造，組織」の意味があるが，-struct をつけた英語に instruct や obstruct があり，「組み立てる」との原義から意味が派生する。

通貨（名）の語源

ドル (dollar)

dollar を通貨に使う国は、アメリカ、カナダ、オーストラリア、シンガポール、リベリアなど数が多い。dollar は、16世紀から19世紀まで通用したドイツの銀貨 Taler の英語名であり、16世紀、ボヘミアの *Joachimst (h) haler* (ヨアヒムの谷) 産の銀で鋳造された銀貨を *T (h) aler* と呼んだのがはじまりとされる。

16世紀、スペインの通貨ペソ (peso) の英語名がドルであった。1782年、当時アメリカで広く通用していた Spanish dollar をアメリカの通貨として採用する旨をトマス・ジェファーソンが書き残しており、その反英主義からあえてそうしたとみられる。ちなみに＄の由来については、スペインの peso が 8 reals に当たることから 8 の換え字とする説が有力である。

フラン (franc)

フランス、ベルギー、ルクセンブルク、スイスなどの通貨単位。14世紀、最初に発行された金貨に *Francōrum rex* king of the Franks「フランク族の王」の銘が刻まれていたことからくる。

マルク (mark)

ドイツの通貨単位。語源は、領土を示す境界の意味のラテン語 *marca* である。境界の柱や石、標的なども mark というのはここからくる。通貨名との関係はというと、通貨には刻印、刻みがあるからとされる。(『語源辞典』より。)

mark は、かつてヨーロッパ大陸で金銀の重量単位として使われ、約8オンスにあたる。昔、イングランドとスコットランドで通貨単位として使われたこともある。

ポンド (pound)

イギリスの通貨単位。ポンドは重量の単位としての使い方が原義であり,「(はかりの) 分銅, 重さ」を表すラテン語 *pondus* が語源になる。『語源辞典』によれば,「ラテン語からゲルマン語に入った最も古い単語の一つで MINT と同じころか」,「貨幣の単位としての用法は, もとはそれが 1 ポンドの目方の銀でできていたことから」とされる。

なお, £50*stg*「英貨 50 ポンド」のように表記するが, stg は (sterling) の略であり, 古期英語では *steorling* すなわち, coin with a star で, ノルマン王朝時代の通貨ペニー (Norman penny) に小さな星印が刻まれていたことからきたとされる。

円 (yen)

日本の通貨単位。語源は, 中国語の *yüan* (圓) が日本語の円 (yen) になった。

アメリカ独立200年を記念したハーフダラー・コイン

　表面はジョン F. ケネディ元大統領の横顔，その下には"IN GOD WE TRUST""1776-1976"と刻されている。裏面にはフィラデルフィアにある独立記念館（Independence Hall）の両脇に"200 YEARS OF FREEDOM""E PLURIBUS UNUM"と刻されている。最後の語句はラテン語で One out of many すなわち「多くの州連合でできた1つの政府」を意味するアメリカ合衆国の標語でコインに刻される。著者が1977年に留学のためにシアトルに渡った当時，市中にこの記念コインがまだ出回っていたのを持ち帰った。

IV 契約，取引，金融

ELIZABETH II

イギリスで制定された法律を公布するさいの「公報」冒頭につけられたマーク。足元にある DIEU ET MON DROIT はフランス語で「神と我が権利（God and my right）」を表す。「1195 年 Gisors の戦で Richard 1 世の使った合言葉で，『朕の王権は神から授かったものでフランスからではない』を意味したが，Henry 6 世のころから王室の motto となった」とされる。(『語源辞典』より)

offer, proposal
申込み

　日本法の下で契約の成立には「申込み」と「承諾」の合致が必要になる。それぞれに当たる法律英語は，offer と acceptance である。

　proposal の日本語にもなっているふつうの意味は「申し込み，提案」である。「申込み」は，単純に英訳すれば proposal でもよさそうだが，法律英語で申込みに当たる語は offer である。

　proposal が契約の成立に関して法律英語として意味をもたないわけではなく，offer の前段階である「申入れ」に当たる国際物品売買に関し民法の特則であるウィーン国際物品売買条約（Convention on International Sale of Goods CISG）は，proposal と offer の関係をしっかり規定している。CISG 第 2 部「契約の成立」（Part II Formation of Contract）中の 14 条は次のように述べている。

　Article 14

　1. A proposal for concluding a contract addressed to one or more specific persons constitutes an offer if it is sufficiently definite and indicates the intention of the offeror to be bound in case of acceptance. A proposal is sufficiently definite if it indicates the goods and expressly or implicitly fixes or makes provision for determining the quantity and the price.

　2. A proposal other than one addressed to one or more specific persons is to be considered merely as an invitation to make offers, unless the contrary is clearly indicated by the person

making the proposal.

第14条

(1) 一人又は二人以上の特定の者に対してした契約を締結するための申入れは、それが十分に確定し、かつ承諾があるときは拘束されるとの申入れをした者の意思が示されている場合には、申込みとなる。申入れは、物品を示し、並びに明示的又は黙示的に、その数量及び代金を定め、又はそれらの決定方法について規定している場合には十分に確定しているものとする。

(2) 一人又は二人以上の特定の者に対してした申入れ以外の申入れは、申入れをした者が反対の意思を明確に示す場合を除くほか、単に申込みの誘引とする。

CISG14条1項と2項を合わせて読むと、proposal「申入れ」には、offer「申込み」になるものと、invitation to make offers「申込みの誘引」になるものの2通りがあるとわかる。同条は offer「申込み」の3要件（1人または複数の特定の者に向けられた申入れであること、申入れが十分に確定していること、および承諾があったときは拘束されるとの意思が示されていること）を示しているので、事実上の行為に近い proposal とは、内容の確定性で区別をしているといえる。

現行民法は、CISG のように「申込み」の定義を明確にしていないが、2009年3月31日に民法（債権法）改正検討委員会が発表した改正提案『債権法改正の基本方針』は、CISG の考え方を取り入れている。

すなわち、「基本方針」は、「申込みは、その承諾により契約を成立させる意思表示である」とし、同〈2〉が「申込みは、それにより契約の内容を確定しえないときは、その効力を生じない」として「確

定性」を要件としている。

　また,「基本方針」は, CISG 14 条 2 項に対応する規定として,「事業者がその事業の範囲内で, 不特定の者に対し契約の内容となるべき事項を提示した場合, 提示された事項によって契約内容を確定しうるときは, その提示は申込みと推定する」としている。

offer の語源は,「…の方へ運ぶ」,「差し出す」を意味するラテン語 (*of* + *ferre*) である。これが古期英語に取り込まれると, 宗教的な意味合いで「(神に) 捧げる, (いけにえを) 供える」といった使い方をするようになった。「申込み」の意味に使う場合にも, 相手が受け入れるかどうかわからないがとにかく希望するところを申入れるというニュアンスで使う。

proposal の動詞形の propose は, *pro*「前へ」+ *posit*「置く」を表すラテン語から派生した。「(眼の前に) 差し出す, 提案する」の意味になるので, 申込みの前段階であることはここからも伝わってくる。

　「申込み」の前段階で相手に「申込み」をさせようと誘う意思の表示を「申込みの誘引」というが, 英語では an invitation to make offer といえばよい。invitation の元の invite は「招待する, 誘う, (意見などを) 求める」を意味するが, 語源にあたるのは「求める, 請う」を表すラテン語の *invitāre* である。

bid, order, tender
入札，注文，提供

　offer「申込み」と acceptance「承諾」が一致したところに agreement「合意」が成立するが，入札方式による「申込み」を表す語として bid がある。bid は，競争契約による場合に，競争に加わる者が文書によって契約の内容を表示することをいう。bid も offer の一種であるからこれに対する acceptance があってはじめて契約が成立するが，入札の場合は，通常の場合と異なり最も低い入札価格で落札すると acceptance があったとみなされる。

　bid の語源にあたるのは，古期英語で「嘆願する，乞う」(= to ask, beg) を表した *biddan*，あるいは，「申込む，示す，命令する」(= to offer, proclaim, command) を表した *bēodan* である。

　order も offer の一種であるが，売買契約や請負契約など限られた種類の契約にしか使わない。これに対し offer は，いかなる種類の契約にも広く使う。基本売買契約 (basic sales agreement) の下で個別売買契約を成立させるためによく使う order sheet の order は，買い（売り）「注文」の意味である。

　order の語源は，「列，並び，隊列，階級，順序」を表すラテン語の *ordō* である。order が「命令，指令」，「注文」を表すようになるのは中世以降である。

　tender には「優しい」，「看護人」といった一般的な意味のほか，法律用語として「提供，申入れ」，「弁済の提供」という意味がある。そこで，legal tender ともいうが，tender 一語でも「貨幣，通貨」

の意味がある。アメリカ企業社会では TOB（takeover bid），すなわち「株式等公開買付け」のことを tender offer と称する。

「提供，申入れ」を表す **tender** の語源は，「伸ばす，広げる，差出す，目指す」を表すラテン語の *tendō* である。

TOB（or tender offer）は広く株主に保有する株式等の市場外での買付けを申込むものであり，買取価格は市場価格を上回るのがふつうである。株主からみれば一定の条件で売却するかどうかの判断は投資判断であり，公開買付けを申込むには，新聞などに買付公告によるディスクロージャー（情報開示）が義務づけられる。

いわゆる敵対的企業買収の「攻防」は議決権の奪い合いの様相を呈するので，ターゲットになる会社の株式を一挙に大量に取得できる可能性をもつ TOB は最も有効な買収の手段になる。

agreement, contract
合意，契約

　2語に共通した訳語は「契約」だが，英米契約法に特有の概念があり，それぞれ訳し分ける必要がある。

　agreement は，agree「同意する」+ ment（名詞をつくる接尾辞）から成る。agree の語源は，「好意をもって受け入れる」を表すラテン語 *aggrātus* である。ag- は，g の前にくるときの ad- の異形で，方向や単に強調を示す接頭辞で，*grātus* が grateful の語源でもあって「感謝して，うれしい」を表す。

　agreement は，offer「申込み」と acceptance「承諾」が一致したところから生まれる「合意」であって，これを「契約」とするかどうかは大陸法と英米法で考え方が異なる。大陸法の下では，要物契約でないかぎり，原則としてこの段階で「契約」になる。英米法の下では consideration「対価関係，約因」が備わるなど enforceable by law「法律上強行可能」となるための要件を満たした agreement が contract になるとするので，agreement は「契約」の前提となる「合意」と訳すほうが適切である。

　contract は，con「共に」+ tract「引き合う」から成り，語源は，「縮めること，着手・実行，契約」を表すラテン語 *contractus* である。このラテン語が中世英語の *contracte*(*n*) となって英語に取り込まれるが，『語源辞典』によれば，中世にはこれを「婚約，婚姻」の意味に使うことが多かったようである。いまでも，marriage contract は「婚約」と訳すべきであり，「結婚契約」ではない。

gift, present
贈与，贈り物

いずれもギフト，プレゼントすなわち「贈り物」の意味で日本語化しているが，「贈与（契約）」の意味で法律的に使うのは gift のほうであり，より正式な言い方である。

gift の語源は，古期ノルマン語で「贈り物」を表した *gipt* である。これが古期英語の *gift* になるが，原義は「妻への支払い，贈り物」で，「ゲルマン民族の婚姻風習のなごりを示す特殊な語義」だが「ME〔中世英語〕には残らなかった」とされる（『語源辞典』より）。

present の語源は，「人の前に物を置く，差し出す，示す」を表すラテン語の *praesentō* である。present には「いまここにある，現在の，差し迫った，即時の」の意味があるが，この場合の語源は同じ意味をもつラテン語の *praesens* であり，「人の前に物を差し出す」を表す present と意味の上からも語源上も近い。ここから相手の眼の前に差し出して「贈り物をする」との意味が生まれる。

「贈り物」以外に，さまざまな法律用語の使い方がすべて，原義の「眼の前にある，差し出す」から生まれる。present 自体に「告発する，告訴する」の意味があるのは，相手方を当局や裁判所に「突き出す」ニュアンスからだろう。these presents のように複数形でしかも these や the を伴うときは，「（眼の前にある）この証書，書類」の意味になる。

アメリカの判例理論に clear and present danger「明白かつ現在の危険」がある。1919 年の合衆国最高裁判所の判決（Schenck v. United States, 249 U.S. 47）以来唱えられるようになった判断基準で，表現の自由の行使によって重大な害悪が生じる差し迫った危険があって，他の手段によってはその発生を防止できず，しかも表現行為と害悪の発生との間に不可避的な密接な因果関係のある場合にだけ表現行為の制限が許されるとする。

presentation は，present の名詞形であるが，もう 1 つの名詞形である presentment と共に手形や小切手の「呈示」を表す。相手の眼の前に示して支払いを求めるところからくる。大陪審（grand jury）による「告発，告訴」のことも presentment という。

ちなみに，人を誰かに紹介することも present，あるいは presentation というし，「発表，説明」についても同様である。「相手の眼の前に差し出す」のは物だけではないことがよくわかる。

何かを人に「与える」という意味では，give が最も一般的な英語である。give には動詞のほか名詞の用法があり，「弾力性，（人の）順応性」の意味がある。また giving は，単に「与えること」ではなく「やさしい，思いやりのある」という形容詞の用法が辞書には載っている。

こうなるのは give の語源において gift との関連があるからだと思われる。すなわち，give の語源にあたるのも古期ノルド語の *gefa* である。

与えるといっても「寄付」は donation というのがふつうである。この語は「（血液，臓器などの）提供」も意味する。donation の語源にあたるのは，「与えること」を意味するラテン語の *dōnare* である。

covenant, deed
誓約，捺印証書

covenant は，「契約，誓約」を表し，the Covenant といえば「神とイスラエル人の間の約束，契約」のことを指す。また，the Day of the Covenant は，南アフリカの法定祝日（盟約記念日）で，1838年オランダ系入植者たちが Zulu 族の首長を敗北させた日を記念する日（12月16日）とされる。

covenant だけで正式な捺印証書（sealed contract），あるいは契約条項・約款を表すが，covenant を書いた契約条項を covenant clause「誓約条項」と訳す。covenant はふつうの約束を表す promise などよりは，ずっと厳粛な感じのする語で，「誓約」と訳すのはそのためとみられる。

covenant が厳粛な約束を表すのは，the Covenant といえば「（神とイスラエル人間の）聖約」となることでもわかる。

covenant clause が典型的に用いられるのは，ファイナンス関連のローン契約などにおいてである。プロジェクト・ファイナンスのためのローン契約を例にとると，ローン契約締結後，プロジェクトが適正に運営されることを確保するために，借手（borrower）にさまざまな「誓約」をさせる。

誓約事項には，大別すると，affirmative なものと negative なものがある。前者は，積極的に何かをする，後者は，消極的に何かをしないとする内容をそれぞれもつ。プロジェクト・ファイナンスであれば，ローンの元利金を条件どおり支払うことと並んで，Debt

Service Coverage Ratio（DSCR）や Debt Equity Ratio（DER）といった目標指標を掲げて達成を約束させたりする。

　ファイナンス関連でただ covenant といえば negative covenant をいい，さらに，非担保化の約束をする negative pledge covenant を指すとすらいわれる。

　covenant の語源は，convene の語源でもあり「同意する，適合する」を表すラテン語の *conveniō* である。

　deed は，formal contract あるいは sealed contract と称するように，さらに正式な効力をもつにいたった contract をいう。deed を seal が付された contrac すなわち「捺印証書」と訳すことも多いが，この場合の「捺印」は，日本式に印判を押すのとは異なり，むしろ「刻印」に近いもので，現在は，省略することが多い（208 頁参照）。

　deed の表す捺印証書のうち双務的な契約に使う indenture（= deed indented）「歯型捺印証書」と片務的な契約に使う deed poll「平型捺印証書」の区別は重要である（14 頁参照）。

　deed の語源は，古期英語で，「行為，行動」を表した *dēd*（アングル語），あるいは *dæd*（西サクソン語）である。これが中世には「証書」を表すようになった。act and deed は「行為する」と表すが，act がロマンス語系であるのに比し，deed がゲルマン語系で法律英語における典型的な同義語重複になっている。ドイツ語の *Tat*「行為」は deed と語源を共通にする。

chop, seal, stamp
官印，印，印章

　seal や stamp は，「シール」，「スタンプ」として日本語になっている。似たような「印」の意味で使うが，語源からは，かなり明確な使い分けが見えてくる。

　chop にはいくつかの意味があるが，「印」の chop の語源は，ヒンディー語の *chāp* であるとされる。そのため，chop の原義は，インド・中国の貿易に使った「官印」，出港・陸揚げのための「免状」，あるいは，中国で品質を示すために用いた「標章」である。

　seal の語源は，sign の語源と同じでラテン語で「しるし，封印，印章」を表す *signum* である。sealed contract は「捺印契約（証書）」と訳すが，seal は，文書の真正を表示するため，赤や緑のワックス（ろう）の上から特殊な図案の印章を押したものをいう。これを付した文書が捺印証書である。

　stamp の語源は，「押しつぶす」を表す古期英語の *stampian* で，「踏む」の step と同語源ではないかとみられている。この原義から，stamp は「刻印」がもともとの意味である。seal とあまり変わらない使い方もするが，語系が違うほか，stamp は法律的意味をもった文書に公式的に使うことはほとんどない。stamped contract といったら「印紙を貼った契約（書）」の意味になる。

　stamp には「切手，印紙」の意味がある。stamp duty といえば「印紙税」である。

engagement, promise
婚約，約束

engagement は，「婚約」として日本語にもなっている。ただ，「婚約指輪」をエンゲージリングというのは和製英語で，正しくはエンゲージメントリングというべきである。結婚の約束は男女の合意によって行われるが，一般に「双方の合意による約束」が engagement の原義である。

engage は，古いフランス語 *engager* からできた英語で en と gage から成る。en は接頭辞として動詞につけて「…の中に，の内に」の意味になり，gage は動詞では「抵当質に入れる，賭ける，言質を与える」を意味する。単なる口約束ではなく裏付けを伴った約束である。

gage は，pledge と同じような意味をもつ。pledge は，「固い約束，誓約」，さらに「質入れ，抵当」を意味する。「…に言質を与える」は give a pledge for 〜 という。pledge は「質権」を表し，抵当権のことを mortgage と訳すことがある。日本私法の体系は大陸法に基づくので，抵当権は約定担保物権の1つに位置づけられる。これに対し mortgage は「売渡抵当」であって日本法の抵当権とは理論的に異なるが，実質的には同じような担保権的機能をもつ。

mortgage は，古いフランス語がもとになって mort = dead と gage = pledge の組み合わせでできた。直訳すると「死んだ約束」で，すぐには意味が通じない。じつは，売渡抵当の仕組みに意味が隠されている。

売渡抵当では，たとえばAが所有土地の所有権を債権者Bに担保目的のために譲渡する。AからBへの譲渡は担保目的の形式的，信託的譲渡であって，default「債務不履行」があってはじめて権利移転の効力が生じる仮の姿でしかない。「死んだ」ものである。

　en + gage = engage が，一定以上の拘束力をもった約束，契約であるのは，上記からうかがえる。*Law Dictionary* で，engagement を引くと，"A contract or agreement involving mutual promises"「相互の約束を含む契約または合意」とあり，次に，"An agreement to marry"「婚姻の合意」とある。

　たとえば，engagement letter の項には，"A document identifying the scope of a professional's services to a client and outlining the respective duties and responsibilities of both."「専門的職業の顧客に対する役務の範囲を明らかにし，それぞれの義務と責任の概略を述べる書類」との説明がある。

　profession「専門的職業」は，もともと神学，法学，医学の3職業を指したので，弁護士や医師は profession の代表例である。とくに実務で engagement letter といえば，弁護士と依頼者との間の委任契約を指すとほぼ決まっている。弁護士から事件処理をはじめるにあたってこれにサインしてくださいとして送られてきたのであれば，委任契約書とみて間違いない。

　promise は，広く「約束」として使う。*pro*「前もって」+ *mittere*「送る」，すなわち「前もって言う」の意味のラテン語から生まれた。原義からすれば「何かをする，あるいはしないとの約束」のことで，口約束を含むと考えられる。法律用語としては，promise だけで「契約」を表すこと，あるいは promissory note が「約束手形」になることが重要である。

commitment, pledge
委任・約定，質権

　commitment は，commit の名詞形であり，commit の語源は，committee の語源と共通するラテン語で「結合する，委託する」を意味する *committō* である（161 頁参照）。

　commitment は，コミットメントとして後述のとおり，ファイナンス分野で重要な使い方をする。commitment は，一般の英和辞典には，「（ある信念・行動に従う）約束・誓約」の意味が載っている。動詞の commit は，「（何かをすると）約束する，責任をもつ」を意味するが，日本語で政治家が軽々しく「その点は私がコミットします」と言って誰にも信用されなかったりする。

　それはともかく，ファイナンス関連でとくに loan agreement（借款契約）に関してコミットメントフィーというと「特定融資枠契約に係る手数料」を意味する。「特定融資枠契約」は，コミットメントラインを設定するための契約のことで，「一定の期間及び融資の極度額の限度内において，当事者の一方の意思表示により当事者間において当事者の一方を借主として金銭を目的とする消費貸借を成立させることができる権利を相手方が当事者の一方に付与し，当事者の一方がこれに対して手数料を支払うことを約する契約であって，意思表示により借主となる当事者の一方が契約を締結する時に次に掲げる者であるものをいう。（以下略）」

　いずれも 1999（平成 11）年に制定された特定融資枠契約に関する法律の下での定義，用語を引用したものだが，なぜこのように

"複雑"な説明が必要になるのであろうか。それは，日本法にはコミットメントフィーの概念がなかったからである。すなわち，日本民法の属する大陸法の下で消費貸借契約は，ローマ法以来の伝統を引き継いだともされ，原則として要物契約(ようぶつ)である。要物性があるということは，commit しただけでは諾成的には成立しないことを意味する。

かたや英米法において loan agreement は，要物性を要求せず諾成契約が原則である。ある額の金銭を貸しましょう，借りましょうと約束するだけで成立する。企業は，たとえば金融機関が 10 億円までは枠を設定していつでも通知がありさえすれば貸し付けると約束してくれるならば大変心強く思う。

この場合，金融機関は貸すと約束したことの対価を commitment fee として要求する。借りる側も対価を払ってでも融資枠を確保したいと望む。こうして，コミットメントラインの設定とそれに対するコミットメントフィーの支払いというプラクティスが日本に入り定着したが，民法や商法だけでなく利息制限法まで大陸法をベースにできている日本法の下では対応する概念がない。差し当たって問題になったのは，コミットメントフィーは利息制限法などの「みなし利息」にあたるかどうかであった。

いくら解釈論を闘わせても根本の考え方が違うので埒(らち)が明かず，結局，上述の特別法を制定して解決することにした。同法 3 条は，「利息制限法第 3 条及び第 6 条並びに出資の受入れ，預り金及び金利等の取締りに関する法律第 5 条の 4 第 4 項の規定は，特定融資枠契約に係る前条の手数料については，適用しない」と明記している。

pledge は法律用語としては「質権」にあたるが，語源は「保証する」を意味する古期フランス語の *plege* である。

responsibility, liability
責任,賠償責任

　responsibility は,response から派生した語で,その元は respond「…に答える」である。respond はラテン語の *re + spondēre*「約束し返す」が語源である。欧米では,疑問や質問に対し誠意をもって答えることが責任感のある態度とみる。日本人は,不祥事などの責任を取って弁明をすることなくトップが身を引くのは潔いとしたりするが,欧米人の眼には理解し難い卑怯な行動と映ったりする。経営者だったら accountability「説明責任」を尽くして respond すべきだと考えるからである。

　こうした語源からは,responsibility には「義務」に近い「責任」というニュアンスが感じられる。納税義務のことを "responsibility to pay taxes" というのはこのためである。国家元首の責任も responsibility で表すのがふつうなので,オバマ大統領は,就任演説において国の側で行うことに国民として答える responsibility を呼びかけた。同じ民主党出身のケネディ元大統領が,就任演説で「国家が何をしてくれるかではなく,国家のために何ができるかを考えてほしい」と述べた有名なフレーズを意識したものであろう。

　こうした「責任」を表すのに **liability** を使うことはほとんど考えられない。この語は,主に民事の賠償責任を意味するからである。liable から派生するが,liable の語源はラテン語の *ligō* で,to bind「拘束する」を表す。法律的に責任を負うときに使い,この場合の「責任」は,法律上の責任のうち民事上の責任,そのうちとくに賠償

責任のことである。

　liability は刑事上の責任を含み、法的責任を広く表すこともあるが、主に民事上の責任、すなわち債務を表す。ただ、民事上の債務、負債を表すときは、liabilities と複数形にするのがふつうである。

　法律用語として liability は、損害賠償責任に関して最も重要な使い方をする。損害賠償責任は、債務不履行（多く契約違反）と不法行為から生じるが、そのいずれにも liability を使う。製造物責任は、product liability といい、これを規定した法律を PL 法と略称する。PL の考え方は、strict liability「厳格責任」の法理に基づく。内容は一種の無過失責任法理で、「過失」(negligence) の代わりに「欠陥」(defect) を立証すれば、製造者に賠償責任を問うことができる。

　liability insurance という保険の種目がある。これは「責任保険」というよりは、「賠償責任保険」のことであり、『保険辞典』(*Dictionary of Insurance*; C. Bennet 著、木村栄一監訳。1996 年 9 月、損害保険事業総合研究所刊) は、「第三当事者が被った特定の損失または損害に関して、当該当事者のために被保険者に対して裁定される補償額および費用を支払うべき責任に対する保険」としている。

　なお、「…に対する責任」を表すのに liability を使うときは、前置詞 for を伴う。前置詞として to を用い liability to disease といえば「病気にかかりやすいこと」を意味するし、liability to error は「過ちに対する責任」とは訳さず、「誤りをしがちである」と訳さないといけない。

　また、liability には「やっかい者、お荷物」といった口語的な意味があり、He is a liability to the team. は「彼はチームのお荷物だ」となる。チームの「責任を担う大黒柱」と訳すと正反対の意味の誤訳になってしまう。

duty, obligation
義務，債務

「義務」というとすぐ思いつく英語が duty であろう。duty は, due「当然負うべき」と ty「こと」が組み合わさった語で, 良心や正義感, 道徳感などから行うべきことを意味する。人間としての「本分」や浮き世の「義理」に近いものである。

そこから duty は「税」を表し, customs duty は「関税」, excise duty は「消費税」である。国民としての納税義務や親としての子の監護義務など一定の身分や地位をもつことで当然に生じる義務が duty といってよい。役員が会社に対して負う忠実義務のことは fiduciary duty である。

duty の語源は, 古期フランス語の *deu* であり, ラテン語で「借入れ, 負債がある」を意味する *dēbeō* も語源と考えられる。これらに「状態, 性質」を表す接尾辞 -ty が組み合わさって duty になった。

duty と同じ語源をもつ due には, 名詞で「当然支払われるべきもの」との意味がある。ここから, 複数形で使い「賦課金, 税, 料金, 手数料, 組合費, 会費」といった幅広い内容が生まれる。形容詞で使い債務が支払期限に達していることを"due and payable"という。法律英語における同義語重複の代表例である。

duty に比べると **obligation** は, 法律というより契約によって課される義務に近くなる。それでも be obliged を感謝を表す表現として使うように, 恩義や道義をベースにした意味合いが濃いといえる。

したがって，契約によってその当事者に課される義務は contractual obligation というのが contractual duty より適切である。

ただ，実際に契約中で X は Y に「代金支払義務を負う」，すなわち「代金を支払わなければならない」をどう表現するかといえば，X shall pay the price to Y. のように助動詞 shall を使うのが一般的である。shall は will と共に単純未来を表すことが多いが，元の意味（原義）は「義務がある」である。

shall の代わりに will を使って X will pay 〜. のようにすることもあるが，あまり適切な表現ではないとされる。それは，will は「欲する」が原義で，単純未来，意思未来を表すことが一般に定着しているからである。法律表現特有の言い方として義務を表すといっても，誤解される余地がある。

shall の代わりに must を使って義務関係をより明確にしようとするドラフティングの書き方もある。ただ，must は契約以前に法律などで強制的に課される義務を表すときに使うのが一般的なので，やはり shall を使うのが最も適切であろう。

契約で「X は代金を支払う義務がある」を英文契約では X shall pay the price. ということが多い。obligation を使って be under obligation to 〜，あるいは be obliged to 〜とする例はあまり見かけない。

多いのは shall を使うか，代わりに must や will のような助動詞を使って義務を表す例で，obligation をあまり使わないのは，この語は，何かをする，あるいはしない義務を表すだけではなく，権利を含めた権利義務関係を表すからでもある。be obliged の言い方にしても，I am very much obliged.「大変ありがたく存じます」のような古風でかしこまった意味に訳す。

be obliged to 〜 は，たしかに何かをする義務を表すが，義務の内容に違いがある。たとえば，People were obliged to pay the tax. は「人々はその税を支払うよう義務づけられていた」だが，義務内容は，法律や制度によって公的に課されたものといってよい。

口語的な言い方で，Don't feel obliged to attend the meeting if you are busy.「もし忙しかったら会議に出席しなくても結構だから」といえば，法律上とかではなく道義的に義務を負うわけではないのでとの意味になる。

obligation の形容詞に obligatory がある。この語は公式的，法律的に何かを「義務づけられた，義務的な」を意味する。Attendance at the meeting is obligatory. は，「その会議への出席は（強制的に）義務づけられている」となる。

obligation や obligatory の原語である oblige の語源にあたるのが「結びつける，拘束する，束縛する，責を負わせる」を表すラテン語 *obligō* である。このラテン語には「恩義を施す，義理を負わせる」の意味がある。

fulfillment, implement, performance
（条件の）充足，実行，履行

　fulfillment は，「充足する，達成する」を表す fulfill の名詞形である。fulfill の語源は，古期英語の *fullfyllan* であり，full「いっぱいの」＋ fill「満たす」が原義である。

　implement は，「中を満たす」が原義で，*im + plēre* から成るラテン語が元である。*plēre* の部分が「満たす（= to fill）」を意味する。implement を辞書で引くと最初に載っている日本語が「道具，器具，手段，装具」であり，そのあとに「履行，実行，成就」が続くのがふつうである。これは，「*impēre* が *implicāre* 'to EMPLOY' との類推により意味が拡大した結果」生じた意味とされている（『語源辞典』より）。

　performance は，perform の名詞形であるが，perform の語源は，「完全に成し遂げる」を意味する古期フランス語の parfournir である。そこから，「（任務や仕事などを）なす，行う，果たす，実行する」との意味になる。per- は perfect に使うように「完全に」を表し，-form「形作る」と組み合わさって「完全に遂行する」との意味になる。

　何かを「成す」というには do を使うこともできるが，do に比べ perform は，努力，注意，熟練を要する場合を想定する。do や carry out よりも堅い，契約上の義務を「履行する」を表すのに適している。

intent, will
意思，遺言

intent は，「気持ちを向ける」を意味するラテン語 *intendere* から生まれた語で，「意思，決意」を表す。日本法で契約は申込みと承諾の意思表示が合致することで成立するが，intent は「意志」というほどの意味ではなく，契約交渉の当事者の基本的な「意図，ねらい」をここでは意味する。

企業法務で扱うことの多い letter of intent は，交渉途上でひとまず明らかになった交渉当事者の「意図，ねらい」を確認するための書簡形式の文書である。

will は「意志」をふつう表す。intent「意思」と will「意志」の違いは語源を辿ってみることでわかる。**will** の語源に当たるのは，古期英語の *willan* で「欲望，望み」を表した。

法律用語としての will は，「遺言（書）」を表す点が重要である。人間の「最終の意志（を記した書面）」という意味からくるが，これをより明確に表現して last will and testament ということがある。testament はこれだけで「遺言」を表すが，「神との約束（= covenant with God）」も意味し，the Old Testament は「旧約聖書」，the New Testament は「新約聖書」である。

incentive, inducement, motive
奨励（金），動機，誘引

　いずれも「動機（づけ）」的な意味をもつが，語源を辿ると使い分けをどのようにすべきかがわかる。

　インセンティブ（**incentive**）は，「刺激，誘因，動機」を表す。語源にあたるのは，ラテン語の *in + canere* で，*canere* は，chant「歌，聖歌」を意味するので，「歌って励ます」が原義である。現在はインセンティブを「奨励金，報奨物」として，より即物的な意味合いで使うことが多い。incentive は，人にいっそうの努力や行動を促す刺激のことだと説明されることが多い。ビジネス社会で，「インセンティブ報酬」が重要視されるようになっているが，プロスポーツ界の例で考えると理解しやすい。

　プロ野球の球団との間で，基本給的な年俸を決め，これに加え，打者ならばヒット 1 本につきいくら，投手ならば 1 勝または 1 セーブごとにいくらとの契約をするならば，より高額の報酬が欲しければ良い成績を残すのが一番というインセンティブが働く。

　一部の契約における「成功報酬制」，あるいは「歩合制」と共通した点があるが，インセンティブ報酬の場合，プラスアルファの報酬部分に使うのがふつうである。

　企業が業務執行を担う役員との間でインセンティブ報酬の取り決めをすることがある。インセンティブの内容は，業績を向上させたらその分だけ報われるようにするというもので，従来から賞与（ボーナス）でこれを支払うやり方は行われてきたが，金銭そのも

のではなくストックオプションを使うインセンティブ報酬制を採用する企業が増えた。

ストックオプションとして使うのは新株予約権で，あらかじめ定められた期間内にあらかじめ定められた金額（オプションの行使額）を支払えば会社から一定数の株式の交付を受けられる内容をもつ。これを付与された者は，株価が高くなるほど安い対価で株式を入手できるので，取締役や執行役（員）には，会社の業績を向上させようとするインセンティブが働く。

役員賞与にもこうしたインセンティブはあるが，ストックオプションによるほうがコーポレート・ガバナンス上のメリットが大きいとみられる。それは，現金報酬と異なり，ストックオプションは，株主と共通の利害関係をもち，いわば株主の目線で経営に邁進することを期待できるからである。

inducement は，「人に説いて（勧めて）…する気にさせる」，「引き起こす，誘発する」を意味する induce の名詞形である。inducement は他の 2 語との比較で，人に行動をとらせる外部からの誘因，とくに金銭的なものを指すと説明されることがあるが（『新英和中辞典』），incentive にもかなり金銭的なものを指す使い方がある。

induce は，*in + dūcō* から成るラテン語が語源で，*dūcō* あるいは *ducere* が「導く，引く」（lead）にあたる。「帰納する」との意味もあり，反対語は deduce「演繹する」である。

motive は「動機」といっても，人に行動を起こさせる内部的な衝動のこととされる（『新英和中辞典』）。motive の語源は，「運動，動き，変動」などを表すラテン語 *mōtus* であり，*mōtīvus* は「動きのある，動く」を意味する。フランス語の *motif*「（文学，芸術作品の）主題，モチーフ」もここから生まれた。

mistake, wrong
錯誤，不正行為

　「誤り，過ち」を表す英語であるが，何を誤るかの違いで使う場面が異なる。

　mistake は，mis「誤って」+ take「取る」から成り，「(不注意などから生じる) 間違い」，「思い違い」を意味する。法律用語としては，意思表示の「錯誤」(民法 95 条参照) に mistake の訳をあてる。

　mistake の語源は，古代ノルマン語で「誤って取ること (= to take in error)」を意味した *mistaka* であり，これが中期英語に取り込まれて mistake になった。ただ，中世には mistake が「罪を犯す」，「間違って不法に取る」の意味で使われたこともあるようだ。

　wrong は，名詞では，「悪，不正」を意味し，法律用語としては「権利侵害，不法行為」として使うこともある。**wrong** の語源は，「ゆがんだ，曲がった」を表した古代ノルマン語の *yrangr, rangr* であり，これが，中期英語に取り込まれ，*wrang* となり，そののち wrong と綴られるようになった。

　日本語でも道徳的に悪いことを「曲がったこと」と表現するが，wrong の原義は「曲がった」で共通する点はおもしろい。なお，wrong を「誤解」として使うこともあるが，原義からすると正，悪の判断を誤って理解することというのが正しい使い方であろう。「(意思表示の) 錯誤」としては使わない。

memorandum, note
覚書, メモ

memorandum は,「備忘録」を表すが,「メモ」はこの英語から生じた。英語でも memo. と省略して使うことがある。語源は,「心に留めている」を表すラテン語の *memor* で, memory は, そこから直接生まれた英語である。法律用語, 契約英語として memorandum は, 正式契約に至る前の「摘要書」を表し, 会社法の分野では「基本定款」を表すこともある。

その場合, 略さなければ memorandum of association という。アメリカでは articles of incorporation ということが多い。このほか, 法律事務所 (law firm) の出す法律意見書の表題を memorandum とすることがあるし, 短く簡略な内容の判決文を memorandum opinion と称する。これとは別に理由を記さない判決文を memorandum decision という。

note も日本語となっており,「ノートをとる」すなわち「メモを取る」と同じように使う。法律用語としては,「覚書」の意味のほか, promissory note で「約束手形」を, convertible note で「転換社債」を表すといった使い方が重要である。社債のような債権のことは, debenture や bond ともいうが, 元来 debenture は無担保で, bond は担保付きで発行されたものを指す。

bond と note を比べると note のほうが比較的に期間が短い。ただ, いまはこうした区別はあまりしない。note の語源は,「目印, マーク, しるし」を意味するラテン語の *nota* である。

text, original
正本，原本

　契約書を複数通作成するときに日本語で「正本」というのはそれなりの理由がある。最も正確な言葉の使い分けを求める判決で説明してみる。判決原本は判決書の原本のことであり，判決書には裁判官の署名押印がなされ，裁判官が複数いても1通作成される。これに対し，判決正本は，判決原本に基づいて裁判所書記官が作成し当事者に送達する。

　契約書の場合，当事者の数だけ署名しそれぞれが1通ずつ保有するのが原則であるから，これを世の中に1通しか存在しない「原本」というのは当たらない。契約に関しては，「正本」のことを text，「原本」のことを original (text) といえばよいであろう。

　text の日本語化している使い方としては「教科書」が一般的で，英語の textbook を略した言い方であるが，text にはもともと「(説教の題目などに引用する) 聖書の原句」という意味がある。

　text の語源は，「織られたもの」を意味するラテン語 *textum* である。「織物」や「布地」を表す textile は同じ語源から発する。

　「織物」と「教科書」は，一見関係がなさそうだが，物を構成する生地，基盤の意味で共通する。ここから，原典，原文，本文といった意味が生じる。

　契約条項の見出しに "Text" とあった場合，契約の正本を何通，いかなる言語で締結，作成するかを書くのが国際契約のならわしである。ちなみに，「英語を正本として2通作成する」は，This agreement shall be made in English in duplicate. といえばよい。

　正本の言語が訳語に優先するとの当たり前に思えることをなぜわざわざ書くことがあるかというと，準拠法条項と裁判管轄条項の内容と関係がある。ある英文契約の準拠法が日本語だったとする。日本法は六法全書を見ればすぐわかるように日本語で書かれているので，たとえ正本が英語でも放っておけば日本語訳による解釈が優先しがちである。そこで，契約相手方の外国企業としては一言「釘を刺し」ておきたくなる。

　また，日本の裁判所でも訴えが起こせるような管轄合意がなされていると，日本での裁判は日本語で行わなくてはならない（裁判所法 74 条）ので，英文契約書を証拠で出すには日本語訳も一緒に提出する必要がある。そうなると裁判官は日本語訳をもとに解釈をすることになるであろう。この場合，事実上の不利は避け難く，外国当事者としては一言いわないと落ちつかない。

　original は，「起こり，起源，出所，生まれ」を表す origin からできた語で，「原型，原文，原典」の意味をもつ。origin の語源は，「始まり，起源，血統」（= beginning, source）を表すラテン語の *orīgō* である。

　そうなると，何通もある文書の「原文」の意味で original を使うのは，原義からは適切ではないことになろう。

　なお，「根源，根本，起源」を表す語に root がある。root の語源は，「（植物の）根」を表す古代ノルド語の *rōt* である。

translation, version
翻訳，翻案

　英文契約書を和訳したりするのは法務としても重要な仕事であるが，「翻訳」といえばすぐ思いつく英語が translation である。ただ，あまり使わないが version にも「翻訳」の意味がある。

　translation は，translate の名詞形で，語源に当たるのは，ラテン語で「運ぶこと，移すこと，移管，（語の）転用，翻訳」を意味する *translātiō* である。

　version は，「転換，向きを変える」を意味するラテン語 *vertō* が語源である。ここから，「翻訳」あるいは「翻案」，「改作」の意味が生まれる。

　契約書の English version といえば，「英語版」で正しいが，原文があってそれを「英語に訳したもの」とするのが本来の意味に近い。したがって，original version を「原典」の意味で使うのはおかしいことになる。

　外国語の「通訳」には interpretation の語を使う。「通訳（者）」は，interpreter である。元の interpret の語源にあたるのは，「説明する，翻訳する」を表すラテン語の *interpretāri* であって，原義は「二者間の仲介人になる」である。

title, head
表題，見出し

title は，法律用語としていくつかの使い方がある。「所有権」は代表例であるが，契約書の「表題，タイトル」その条項などの「見出し」の意味もある。また，会社における「役職名，肩書き」としても使う。語源的にみると「表題，見出し」が原義に最も近いようである。

title の語源は，「銘文，掲示（板），標題，称号」を表すラテン語の *titulus* である。「名だけの，名義上の，正当な権利を有する」を表す形容詞 titular がここから生まれたことはすぐわかる。「名ばかり」と「正当な権利を有する」は矛盾するようであるが，単なる権利関係の掲示が明認方法的な公示方法となり，やがて登記，登録制度が整備されてくると正式な title holder として認められるといった流れで意味が変わってきたものと考えられる。

head の誰でも知っている意味は「頭」であるが，これに関連して抽象的ないくつもの意味が生まれた。法律や契約の条項「見出し」もその1つである。また，契約の内容項目だけをピックアップした摘要書のような文書のタイトルを"Heads"とし，交渉段階の予備的合意書として使うこともある。

head の語源は，古期英語の *hēafod* にあるとされ，ドイツ語の *Haupt*「頭，首」も同じ語源をもつ。ラテン語では，「頭」のことを *caput* という。現在の英語 caput も解剖学的に「頭，骨頭」といった意味で使い，あまり抽象化した意味はない。

provision, stipulation
規定，明文化

　provision は，provide の名詞形である。provide には，ふつう何かを「与える，供給する」の意味があるが，契約条件を「規定する」も表すことがある。そこで名詞形 **provision** は法令や契約における「規定」と訳すことができる。

　語源に当たるラテン語の *prōvisō* は但し書きや条件を意味しており，現在の英語では，it being provided that 〜「以下の規定がなされているので…」である。it being を省略して provided that が但し書きを表し，さらに provided だけで if と同じ使い方をする。

　stipulation は，stipulate の名詞形であり，契約書などに「規定する，明文化する」を表すが，語源はラテン語の *stipulor* である。契約に明記して約束を確認するとき，昔は stipule「托葉」を折ったことから生まれた語とされる。

　「規定，法規」を表す語に prescription がある。元の prescribe は，pre「前に」+ scribe「書く」から成り，「前もって書く」を意味するラテン語の *prescribere* が語源にあたる。prescription には法律用語で「取得時効」の意味がある。

clause, section
条項,節・条

いずれも契約や法令において「××条」をいうのに Clause ××,あるいは Section ××のように使う。個々の条文をいうのであれば,Article ××のほうが多く使われる。

clause の語源は,「閉じる,終える,閉じ込める」を意味するラテン語の *claudō* である。発音が似ているだけではなく,語源の上でも close に近い。clause は,法律や契約の条項だけでなく保険証券などにおける「約款」を表すこともある。ある程度まとまった内容の条項を指すのが原義である。

section の語源は,ラテン語で「切る,分類する,切込みを入れる」を意味する *secō*,あるいは「切断,切開,競売」を意味する *sectiō* である。ここから「切断,分類されたもの」やものの「部分」,人の「階層,党派」を表すようになった。本や文章の「節,段落,項」,あるいは法律,契約の「条項」にも使う。chapter「章」の下位区分で,§(section mark)で略すことがある。

「1条2項」というなかの項にあたる言い方が paragraph である。paragraph の語源にあたるのは,「わきに書いたもの」を表すギリシア語の *paragraphos* である。

article, merchandise
物品，商品

 article は，「物品，品物，商品」のほか新聞・雑誌の「記事，論文」，契約などの「条項，条款」を表す。「第××条」を"Article ××"とするのはこのためだが，"Section ××"としてもほとんど変わらない。語源は joint「接ぎ目」を意味するラテン語の *artus* であり，契約でいえば全体のなかの「節目」だと思えばよい。

 法律用語としては，articled clerk がある。これは，イギリスで solicitor「弁護士」になるための実務修習生をさす。articled が，「年季契約の」を表すところからくる。

 merchandise も「商品」を表すが，集合的に用いるところが，article や goods と異なる。俗語としては，「密輸品，盗品」といった法律用語的使い方もある。

 merchandise は，「商人」を表す merchant から生まれた語である。merchant の語源を辿ると，ラテン語で「商品」を意味する *merx*, あるいは「商売，取引，商品，品物」を意味する *mercātūra* に行きつく。

 イギリスには，merchant bank「マーチャントバンク」と称する，日本でいえば証券会社に当たる企業がある。bank とあるが銀行のように預金を受け入れたりはせず，ユーロ市場における証券の引受け（underwriting）を主要業務とする。

supplement, addendum
追加，補充

「サプリメントの摂り過ぎに注意」のような日本語にもなっているが，**supplement** は「追加，補足（する物）」のことである。supply の名詞形であるが，supplement を動詞で使うこともある。

supply の語源は，「いっぱいに満たす」を表すラテン語 *supplēre* である。同じように「供給する」を表す provide と比べ，supply には，「必要なものを需要に応じて提供する，埋め合わせる」の意味が込められている。supply を名詞形で使い supply and demand といえば「需要と供給」である。

契約内容を「追加する」といっても，契約締結時点で，本契約の内容に追加する場合と後日追加する場合がある。前者の場合，契約の合意内容そのものを追加するのであれば，追加契約書を同日付けで取り交わすのではなく，契約そのものの付属書類にして関係を明確にすべきである。

たとえば，売買の目的物"Products"「本件製品」の内容が多く，別紙に追加的に何頁にもわたって書かなければならないのであれば，売買契約書（Sales Agreement）に Attachment，Annex などの表記をした付属書類として添付すべきである。この場合付属書類は，本契約の内容の「追加」というよりは"Products"の定義的内容の「延長」といってよい。

この"Products"に追加すべき内容が生じたとすると，「追加」のための書面を後日付けで作成する。これを Supplementary（Agreement) とすることが多いのであるが、この場合も正確にいうならば、単なる内容の追加ではなく定義条項の内容「変更」に当たる。

そこで、Amendment Agreement あるいは Modification Agreement「修正契約書」とのタイトルにすべきではないかと考えられる。たしかにそうするのが正しいのであるが、実務慣行的には「修正契約書」と題する独立した書面を作るまでもないとの感覚で Supplementary (Agreement)、あるいは Addendum と題することが多い。

supplement と addendum の使い分けだが、後に「追加」するのであれば supplement がよりふさわしいと思う。**addendum** は、add「加える」から派生し、その語源は「…に付加する」を意味するラテン語の *addere* である。この場合、言葉であれば「言い足す、付け加える」とのニュアンスがあり、後から修正的に追加するというほどの内容をもたない。追加の付属書類として上記 Attachment や Annex と同じように Addendum を使うこともある。

後日の追加書面としての Supplement は、正確にいえば「修正・変更契約書」であるから、作成するにあたってはこの点をはっきり意識してかかる必要がある。すなわち、「修正・変更」の対象箇所が契約書のどの部分かを明らかにするのが最重要ポイントになる。

上記の例でいえば、
「2009 年 2 月 15 日付売買契約第 1 条に定義する『本件製品』に以下の製品を含ませるものとする」
The following products shall be included in the "Products" defined under Article 1 of the Sales Agreement dated February 15, 2011:＿＿＿＿＿＿＿＿＿.
のように書けばよいであろう。

タイトルはどうあれ法的には修正・変更契約書であるから、

「第 1 条の『本件製品』の定義を以下のとおり変更する」
The definition of the "Products" under Article 1 shall be amended as follows:＿＿＿＿＿＿＿＿＿＿＿＿．
として，できれば，修正前，修正後の内容双方を記載するのがよい。

　なお attachment は，attach「張りつける，つけ加える」の名詞形で，法律用語としては「差押」を意味する。attach の語源は，古期フランス語の *atachier* であり，「添付する」の原義に「法の管理の下に（人・物）を拘束する」の意味が加わったらしく，attack と二重語とされる。

　annex の語源にあたるのは，ラテン語で「結びつける」を意味する *annectere* である。*nectere* は，connect「結びつける」の nect 部分の語源に通じる。

　日本語でも建物の建て増し部分や別館を「アネックス」という。また，annex を動詞では領土などを「併合する」との意味に使うが，こちらの意味のほうが「付加する，追加する」よりも原義に近い。

amendment, modification, revision
修正，改訂，訂正

　法律や契約には修正，改正がつきものであるが，これを英語でどう表現するかは，場面によって使い分けがなされる。

　法律用語としての「修正」で最もよく使うのは amend の名詞形 **amendment** であろう。有名なのは，アメリカ合衆国憲法の修正条項（the Amendments）で，同国憲法中の権利章典（bill of rights）として基本的人権に関する規定をしている。First Amendment は表現の自由，集会の自由を，Fourteenth Amendment は法の下の平等をそれぞれ保障しており共によく知られている。

　amend は，「正す」を表すラテン語 *ēmendō* の変形で，*mendo* は *menda* = fault であり，誤りをなくすとの意味になる。そこで，amend には，「（欠点などを取り除いて行いなどを）改める」との一般的な意味がある一方で，憲法や法律を改正，修正するといった公式的な意味がある。

　契約を修正する覚書に Amendment と一語でタイトルを付けることがある。ほかに Amendment Letter，Memorandum of Amendment など状況に応じて使い分ける。

　modification は modify の名詞形である。modify は，ラテン語の *modificō*「適応させる，変える」から生まれ，「尺度（*modus*）に合わせる」を意味するラテン語が語源である。したがって「変える」といっても，「何らかの基準，尺度に照らして加減する」が元の意味には近い。語源から「誤りをなくす」意味をもつ amend の語な

Ⅳ 契約, 取引, 金融

どとは場面, 文脈で使い分けるのがよい。

 revision は, revise「修正する, 変更する」の名詞形である。revise は,「再び見る」を意味するラテン語 *revisō* が語源で,「修正する, 改訂する」との意味もあるが,「見直した上で改める」が原義に近い。revise は, 本などを「改訂する, 校閲する」の意味にも使う。そこで本などの改訂版のことは revised version あるいは revised edition という。

とくに the Revised Version といえば,「改訳聖書」のことで the Authorized Version を改訂して 1881 年に新約が, 1885 年に旧約が, 1895 年に外典が, イギリスで発行されている。アメリカでは the Revised Standard Version があり, American Standard Version を改訂して, 1946 年 (新約), 1952 年 (旧約), および 1957 年 (外典) が発行されている。

契約書の発効後何年か経過して内容を見直し改訂を加えたものであれば, revised version あるいは単に revision と呼んでもおかしくないであろう。ただ慣行的に, amendment あるいは modification ほどは, この関係では使わない。

accessory, annex, collateral
付属品,付加物・添付書類,付随担保

　accessory は,アクセサリーの日本語でよく使われるが,原義は「装身具」よりは「付属品」が近い。

　法律用語としては,刑事の「従犯」の意味が重要である。**accessory** は,access「近づく」+ ory「…のような,…の性質がある」から成るので,access の語源から発している(62頁参照)。より近い語源は,ラテン語の *accessiō* であり,ローマ法の格言 *Accessio credit principali.*「従物は主物に従う」はよく知られている。

　annex は,ビルの別館の名称として「…アネックス」と使うように,主たる物に付属する物を表すのに使う。ただ,原義は「結びつける(= to bind)」を表したラテン語の *annectō* からくる「結合」である。動詞としての annex には「(領土などを)併合する,編入する」,さらには「横取りする,着服する」といった意味まであるのはそのためである。

　collateral は,担保法の分野で,「付随担保」として重要な使い方をする。親族法の分野では,直系親族に対し「傍系親族」を表すのに使う。collateral は,co「共同」+ lateral「横の,側面の」から成り,「隣接した,付随的な」を表すラテン語の *collaterālis* が語源にあたる。

impediment, obstacle
障害物, 妨害

impediment の動詞形は impede であり, その語源は「足かせをはめる」を原義とするラテン語の *impedīre* で,「傷害(物)」となる。

Structural Impediments Initiative (SII) は,「日米構造問題協議」をさす。日米両国間で貿易や国際収支の調整のうえで障壁となっている構造問題を協議し, 1990年6月に最終報告がまとめられた。

obstacle は, *ob*「…に対して」+ *stacle*「立つ」から成り,「じゃまをするもの」を意味するラテン語 *obstāculum* が語源である。obstacle が, 人やものの進行や進歩を妨害するものを表すのに対し, impediment は, 正常な機能の妨げとなるものを表す。obstruction は, obstacle に近い語で, 物理的に進路を妨害することを表す。

「障害」としては, barrier を使うこともある。通商法の分野では, trade barriers「貿易障壁」の使い方がある。barrier の語源にあたるのは, ラテン語で「棒」を表す *barra* であり, bar「横木」の語源でもある。bar は,「法曹界」を表すこともあり法律分野の重要語である。(78頁参照。)

breach, default
違反,不履行

　共に広く契約に違反する場合に使うが,正確には使い分けるべきである。ふつうに契約に違反するというときの英語は,breach を使うほうが適切である。たとえば,ウィーン国際物品売買条約 (CISG Convention on International Sale of Goods) の英文正本（同条約の正本はほかにアラビア語,中国語,フランス語,ロシア語及びスペイン語で作成されているが,日本語は入っていない）は,第 3 部,第 2 章,第 3 節「売主による契約違反についての救済」を "Remedies for breach of contract by the seller" としている。

　さらに,その第 3 節冒頭の第 45 条 (1) は「買主は,売主が契約又はこの条約に基づく義務を履行しない場合には,…」を "If the seller fails to perform any of his obligations under the contract or this Convention,…" とし,「契約違反」と「契約上の義務の不履行」で表現を分けている。したがって,後者を 1 語で表すならば nonperformance がよい。

　なお,CISG は,第 3 部,第 5 章,第 1 節を「履行期前の違反及び分割履行契約」"Anticipatory breach and installment contracts" として,第 71 条以下にいわゆる「不安の抗弁(権)」を規定している。

　breach は,break「破る」と共通して古期英語 *brecan* から派生し,break はドイツ語の *brechen* と同じ意味である。ただ,さらに遡って breach の語源となると「破る」を表す古期フランス語のようで,いずれにしても原義は,「突然力を加えて物を壊す」である

Ⅳ　契約, 取引, 金融

から, 契約や約束を破り意味のないものにする＝契約違反にはふさわしい語といえる。

default は, 債務不履行や義務の懈怠(けたい)を表す語として使うので, 契約違反よりは広い概念をもつ。この語は de + fault から成り, fault だけで「過失, 落ち度」の意味がある。

fault の語源は,「だますこと」を表すラテン語の *fallō* である。「だます」ほうが「だまされる」より悪いはずだが, だますことがうっかりだまされること, すなわち「落ち度」の意味に変化したようである。

default は, 古期フランス語の *de + faillir* が元の語で, これを借り入れた中世英語では *defaut*(*e*) と l を抜いて綴っていた。*defaillir* の *de* は強調, *faillir* が「失敗すること」を表す。fail といえば,「失敗する」がすぐ思いつくところだが, 原義からしても,「怠る」,「…しそこなう」が続くのは理解しやすい。

CISG が「(義務を) 不履行する」を fail to perform としているのはこの関連だとよくわかる。fail の名詞形を使って failure of performance でもよい。default を法律英語の用法辞典 (Garner, *A Dictionary of Modern Legal Usage*, 2nd Edition) で引くと "a failure to act when an action is required, esp. the failure to pay a debt — either interest or principal — as it becomes due."「ある行動が求められるときに行動をしないこと, とくに債務の支払いを──利息または元本のいずれでも──期限に達したときに支払わないこと」とある。

「△△に対し銀行団デフォルト宣言か」のような新聞記事の見出しを見かけることがある。これは default が債務不履行全般よりは, とくに日本語化した使い方においてローンアグリーメントなどの場面に限定して使う傾向があることを示している。

waiver, estoppel
放棄，禁反言

　共に権利を失うことに関連して使う法律英語であるが，権利を失う理由が異なるだけでなく，原義に遡ると英米法の奥深いところが見えてくる。

　waiver は waive の名詞形で，waive の語源は，古期フランス語の *gaiver* で，のちにイギリスに取り入れられてアングロ・フレンチの *weyver* となったところから派生した。原義は to abandon，すなわち「棄てること」である。ここから，権利や要求をすすんで放棄・撤回することの意味が導かれた。

　estoppel は，俗語的なラテン語の *stuppāre*（= to stop）あたりから発する。これが古期フランス語の *es-touper* になった。原義は「（穴などを）ふさぐ，詰める」であって，「（樽などの）栓」を表す古期フランス語の *bung* から派生したとされる。法律用語として自己が過去に行った陳述や行為と矛盾する主張を「封ずる」禁反言を表すようになるのは後のことである。

　権利を失うのが，waiver は自分で「棄てた」との理由によるのに対し，estoppel では「封じられる」ことが理由になる点は，まったく異なるようにも思われる。だが，共に「権利の上に眠る者は保護されない」との考え方に基づく点は共通する。waiver の場合，権利があるにもかかわらず行使しないなどによって放棄したとみなされる効果をもたらす。estoppel の場合，それまでそのそぶりさえみせなかったのにいきなり権利主張を行うことを過去の言動に矛盾

する行為とすることもできるので、効果の面ではほとんど変わらない。

英米法には、doctrine of waiver「権利放棄の原則」、あるいはdoctrine of estoppel「禁反言の原則」という効果の点で似かよった2つの法原則がある。前者はコモンロー上の制度で後者はエクイティ（衡平法）上の制度である（65頁参照）。権利の上に眠る者に厳しい内容をもつ点で、権利が発生しているにもかかわらず一定期間行使しなかったことで消滅させるとの消滅時効と制度趣旨が似ている。英米法と大陸法を比較した場合、英米法にはほぼ同じ趣旨で2つの原則があることからもうかがえるように、大陸法より権利不行使に厳しいといえるかもしれない。

なぜ2つの原則があるかであるが、これは英米法が狭義のコモンロー（common law）とエクイティ（equity）の2本立てで成ることと関連している。コモンローが一般原則とすると、エクイティはこれを補正する修正原理である。法的判断の基準を事案に当てはめたとき常に公正な結論が導かれるとは限らない。具体的妥当性を求めて当事者の言い分を秤にかけてみて"重いほうを勝たせる"といった判断の仕方が優れることはしばしばある。エクイティはこうした判断基準を用いる。equityを「公平」というよりは「衡平」と訳すのは、天秤にかける考え方を示している。

estoppelが禁ずるのは以前行った言動と矛盾する主張である。たとえば契約の相手方が債務不履行（default）を起こし、こちらが契約に基づいて解約権を行使できる状態になったとする。7月末に支払われるべき代金が8月1日を過ぎても支払われていない状態を考えればわかりやすい。実務では8月2日になったとしても解約権を行使せずに、もう2, 3日は様子を見るのがふつうだが、こう

した恩情は裏目に出るおそれがある。

　権利が発生しているのに行使しなかったのだから解約権は放棄された，あるいは解約権の行使はそれに先立つ不行使＝見逃し行為と矛盾するので許されないとする主張が相手方から出る場合においてである。この主張の根拠は，英米法におけるほうが上記のとおり明確である。

　英文契約における waiver clause は，権利の不行使＝見逃しがあってもその権利を放棄したとはみなされないとする内容の条項で，これがあることによって英米法の下でも安心して"見逃せる"ようになる。

　日米のプロ野球で「ウェーバー制」というときのウェーバーは doctrine of waiver の waiver と同じ意味である。では，この場合，何の権利を「放棄」するのであろうか。アメリカのプロスポーツのうち大リーグ機構（MLB）がこの点最もはっきりしているが，各チームはその支配下に選手を所属させ独占する権利を有している。

　waiver はこの権利をチームが放棄することである。選手からすれば自由になったことになるが，クビになったのと同じとみることもできる。これを「公開移籍」と訳すことがある。

failure, fault
不履行，落ち度

　法律用語以外では，ふつう「失敗」と訳せばよいが，契約で使うときは多くの場合，「不履行」，「不作為」である。「倒産」を表すこともある。

　failure は fail の名詞形である。fail は to deceive「だますこと」，to disappoint「失望させること，裏切り」を表すラテン語 *fallō* が語源である。

　fault の語源は，fail と同様に，「迷わせる，誤らせる」，「（期待を）裏切る，（…から）隠れる」を意味する *fallō* である。法律用語としての fault は，過失による責任や罪を意味する。

　「誤り」を広く表す英語に error がある。法律用語としては，訴訟手続上の瑕疵，誤審について使う点が重要である。error の語源にあたるのは，「迷う，さまよう」を表すラテン語の *errāre* である。

delay, moratorium
遅延，支払猶予

　「履行遅滞」のような法律用語の「遅延」,「遅滞」に当たる英語は delay である。

　delay の語源は，古期フランス語で，to leave「去ること，置き去りにする，残す」，あるいは to let「許すこと，させること」を意味する *laier* に接頭辞の de (「反対の」を表す接頭辞) がついたものである。

　moratorium は,「モラトリアム」として日本語にもなっており,「支払猶予・延期」を意味する。moratorium の語源に当たるのは,「遅れ，遅滞，延期」を表すラテン語の *mora* である。*morātor* では「遅らせる者，妨害者」となる。

　ラテン語系の名詞の語尾につく -orium は「…のためのもの・手段・場所・施設」を表す。auditorium は日本語の「オーディトリアム，講堂」を指すのはここからくるが，auditor の原義である「聴衆」と組み合わさった語である。

acceleration, drive, promotion
加速，促進，昇進

acceleration は，自動車のアクセルからの連想でわかるように，ふつう「加速，促進」を意味する。動詞形の accelerate は，*ac*「…へ（方向）」+ *celero*「速める，急がせる」から成り，*acceleratio* は「加速，促進」を表すラテン語である。

ファイナンス関連の英文契約には，acceleration clause が入ることが多い。この条項は，一定の事由が発生した場合に，借入金などの返済期日を前倒し的に早めるための要件や手続を規定する。日本で一般的な金銭消費貸借契約における期限の利益喪失約款はこれに相当する。

drive はドライブでおなじみの語であるが，自動車など機械の駆動装置を表すほか，「（獲物の）狩り立て，（家畜などの群れの）追い立て」の意味がありこちらが原義に近い。語源は，古期英語で，「追い立てる，突進する，（商売を）営む，（取引などを）完遂する」を意味した *drifan* である。

promotion にも「促進」の意味はあるが，「昇進，振興」のほうが一般的である。動詞形の promote は，*pro*「前へ」+ *mōtō*「動かす」から成るラテン語が語源である。promoter には，「増進者，後援者」の意味のほか，「（会社の）発起人，（プロスポーツなどの）興業主，プロモーター」の意味があり法律用語としても重要である。

mitigation, relaxation, release
(損害などの) 軽減, 緩和, 解放

mitigation は，法律用語として民事，刑事両面で使う重要な語である。元の mitigate は，mild を意味するラテン語の *mītis* を語源とし，「(痛みなどを) 和らげる，鎮静させる」を表す。ここから，「罪を軽減する」といった使い方が導かれる。plead mitigating circumstances では，「情状酌量を申立てる」となる。

民事面とくに契約中で mitigation といえば，「損害賠償額を軽減する」になる。mitigating circumstances は，「損害賠償額軽減事由」で，契約中の mitigation clause は当事者に損害軽減を義務づける内容をもつ条項である。

relaxation は「リラックスさせること」の意味をもつので，「弛緩，緩和」のほか，「(刑罰や義務の) 軽減」に使うこともある。**relaxation** の元の relax は，re「再び，…し戻す」+ lax「ゆるんだ，たるんだ」から成り，lax は「広げる，ゆるめる，解放する，楽にさせる」を表すラテン語の *laxō* が語源である。

release は，「解放する，(囚人などを) 釈放する，(義務などを) 免除する」を広く表す語で，語源としては relax と共通する。すなわち，ラテン語の *relaxāre* が古期フランス語の *relaissier* となり，これが中期英語の *relese*(*n*) になって現在の英語になったとみられる。

accommodation, adjustment
融通，適合

アコモデーションで「宿泊設備」，すなわちホテルを指したりする使い方をするが，法律用語としては，「和解」，「調停」，「(資金などの) 融通，貸付け」が重要である。accommodation bill は「融通手形」である。

accommodation の元の accommodate は，*ac*「…へ (方向)」+ *commodāre*「適合させる」から成るラテン語が語源である。ラテン語には「適合，調整，従順，寛大」を表す *accommodātiō* という語があって，accommodation に近い。

英文技術援助契約などには，技術指導員を派遣する場合の交通費，宿泊費の負担についての規定を入れることが多いが，宿泊費は expense for accommodation といえばよい。「適合，調整」との原義と「宿泊」とはかけはなれている印象を受けるが，人間に最も重要な「食」と「住」において便宜をはかることで結びつけられる。

adjustment の元の adjust は，「…を調整する，合わせる」，さらには「(争いを) 調停する」を意味する点は accommodate とよく似ている。adjust は ad「…へ (方向)」+ just「正しい」から成り，just の語源は，ラテン語の *justus* であり，justice「正義，裁判官」の語源と共通する。

語源からすると，adjustment は，同じ「調整」でも本来あるべき姿への「矯正」に近い意味で使う。したがって，ここから，「便宜，融通」の意味になることはないといってよい。

boilerplate, red tape
決まり文句

　ボイラープレートは，boiler「ボイラー，汽罐」の覆いをしている plate「鋼板，圧延鋼」のことである。これだけだと何のことはないのであるが，boilerplate には，「ボイラー板」のふつうの意味のほか，契約書などで使う「定型的文言，決まり文句」の意味がある。

　なぜこのような意味で使うようになったかは定かではないが，boiler は，本来の意味以外ではあまり良い意味には使わないようである。boilermaker's delight といえば，俗語で「安ウィスキー，密造酒」のことで，boiler room は「金融商品や不動産などの詐欺的な売込みや，取り立てなどの集中的電話作戦を行う部屋」のことである。boiling には「煮えくり返るほどの」，「うだるように暑い」の意味があるので，boiler room の雰囲気はよく伝わる。

　boilerplate 文言は，さまざまな文書に適合する「出来合いのまたは汎用性のある文言」のことである。もともとは，ボイラーを覆う鋼板だが，その後 boiler に付着した鉄板を表すようになり，さらに，ある新聞社が輪転機のプレートに，ステロ版のニュース記事を刻印して地方新聞社に配送した。配送を受けた地方新聞社はその地方のニュースと共に発行し，これを boilerplate と呼んだという。

　私の推察するところでは，輪転機に刻印したステロ版が形状的にボイラーに付着させた鋼板に似ているからこのような呼び方をしたのではないかと思われる。なお，「ステロ版」のステロはステロタ

イプの略,ステロタイプはステレオタイプの訛,ステレオタイプには,「絞切り型,常套的な形式」の意味があると『広辞苑』は説明している。

これでようやく,なぜ boilerplate clause が英文契約で使われる定型的な内容の条項を指すかがわかった。英文契約でどのような条項がこれに当たるかといえば,完全合意条項 (entire agreement clause),分離条項 (severability clause) などが入り,ほかに準拠法条項 (governing law clause) や譲渡条項 (assignment clause) を入れることもある。

これらの条項は,どんなタイプの契約にもほぼ共通してよく見られる一般的条項である。英米法は,慣習法,判例法の体系をもつため,個別の取引ごとに気になることを契約書に書かないと安心できない。そのため,制定法主義の大陸法と異なり,契約に一般条項が多くなりがちである。英文契約に boilerplate clause が多いのはこのためといってよいであろう。

boilerplate clause は,「定型的」文言が特徴であるが,「定型性」にも差があることに注意してもらいたい。たとえば準拠法条項の英文そのものは定型的でも,どこの国の法律が準拠法として指定されるかによって大きな差が生じる。譲渡条項もよく内容を吟味しないと「完全子会社には相手方の承諾なくこの契約を譲渡できる」"～ may assign this contract without any consent of the other party." などと例外が前面に出されている場合もある(この点に関し,大きな裁判紛争になったのが有名な東京ヒルトン事件である)。

red tape は文字通り,「赤いテープ」だが,ある英和辞典には「(煩雑でややこしい)お役所風,官僚的形式主義」などと説明があり,There's too much red tape in this office.「この職場は官僚主義

すぎる」との文例を載せている。

　かつてイギリスでは，弁護士や役人がその作成した文書を赤いリボン（tapes）でしばったことからくる。法律英語のある用法辞典によれば，19世紀を通じて次第に官僚的形式主義を赤いリボンが象徴するようになったが，スコット，ロングフェローあるいはディケンズといった作家がこうした用語を作品中で使用したことが大きいという。

　「きまり文句」としてふつうによく使う語に stereotype がある。日本語でも「ステレオタイプの判で押したような考え方」のように使う。stereotype の文字通りの意味は，印刷に使う「ステロ版，鉛版」である。

　stereo は，日本語で「ステレオ」すなわち「立体音響方式，装置」を表すが，「立体鏡」や「立体写真」のことである。stereo の語は，stereotype の短縮形である。なお，接頭辞 stere(o)- の語源にあたるのは，ギリシア語で「固い，堅固な，実体的な」を表す *stereós* である。

revival, survival
復興，生き残り

　revival は「リバイバル」の日本語にもなっているが，*re*「再び」+ *vīvere*「生きる」が元のラテン語である。原義は生き返ることであり，「復興」，「復活」を意味する。

　survival はサバイバルという日本語にもなっている。survive の語源は「超えて生きる」を表すラテン語の *supervīvō* で，*vīvō* が to live「生きること」を意味する。「生き生きとした」を vivid といい，これも日本語化しているが元は *vīvō* である。イタリア語やスペイン語で「万歳！」を "*Viva 〜 !*" というが，"Long live 〜 !" を意味する。

　英文契約には，survival clause と呼ばれる条項が入ることがある。直訳すれば「生き残り条項」であるが，契約本体は終了しても秘密保持義務などを定めた一部の条項が効力を持ちつづける旨を規定する。

　「継続，連続」を広く表す語に continuity がある。continue の名詞形で，continue は「続ける，持続する」のほか法律用語で「延期する」を表す。企業には大きな自然災害によって被害を受けたとしても主要な業務を継続できるようにする BCP（business continuity plan）の策定が求められている。

　continue の語源にあたるのは，「持続する」を表すラテン語の *continuō* である。

closing, conclusion, termination
清算結了，（契約などの）締結，解約

　何かを「終了」させる意味の語を並べたが，それぞれ法律実務のなかで重要な使い方をする。

　closing は，close「閉じる，終結する」の名詞形である。M&A（企業買収）などの国際契約は，契約締結時を signing と呼び諾成的に合意のみを行う。合意内容の実現（目的物の引き渡しや代金支払など）は時期をずらして closing によって行うのが，いわばグローバル・プラクティスである。closing のことは「クロージング」とそのまま，あるいは「清算結了」と称することが多い。

　closing の元の close の語源は，ラテン語で「閉じる，取り囲む，封鎖する」を意味する *claudō* である。

　conclusion は，「コンクルージョン」として日本語化しており，「結論」がふつうの意味である。法律用語としては，契約の「締結」，あるいは訴訟における最終弁論，訴答（pleading）書面の末尾を表す点が重要である。

　conclusion は，conclude「終わらせる，締めくくる」の名詞形である。conclude の語源は，「閉じ込める，限定する，終わらせる，結論づける」を表すラテン語の *conclūdō* であり，その名詞形は，*conclūsiō* である。

　conclusion には，契約の「締結」を表す使い方がある。契約の締結時は，取引でいえばスタート時であるはずなのになぜ「終結」を原義とする conclusion を使うのか疑問に感じる人も多いであろう。

じつは、ここに彼此の契約プラクティスの違いが凝縮されている。すなわち、グローバルといってもよい欧米流契約プラクティスでは、契約の締結に至るまでの交渉プロセスを重視し、交渉の途中でもLOI（letter of intent）やMOU（memorandum of understanding）と称する文書を作成することが多い。

そのプロセスの到達点が合意成立であり契約締結なのでconclusionというのであろう。signingあるいはexecutionを契約締結にあてることはもちろんある（163頁参照）。

terminationは、やはり契約関係で「契約の終了」、すなわち遡及効のない「将来に向けての契約解除」の意味に使う。terminationは「終わらせる、終結させる」を表すterminateの名詞形である。terminateの語源は、「限界、境界、判決、裁定」を表すラテン語の*terminus*である。terminationは契約を将来に向けて終了させるので、遡って最初から無かったものにするのではない。遡及効をもった「解除」にはcancellationあるいはrescindmentなど別の語を使うほうがよい。

広く「終了、終止」を表す語にendがある。endを法律用語として使うことは多くないが、語源は「末端、終了」を表す古期英語の*ende*である。

faith, belief
信義,確信

共に「信ずること」を元の意味にするが,法律用語としては faith のほうがよく使う。

faith の語源は,「信頼」を表すラテン語の *fidēs* である。法律用語として契約書などによく登場する *bonā fide* は「誠意をもった,善意の」との意味で,英語では in good faith である。*bonā fide* purchaser といえば「善意の買主」である。

同じ語源から生まれた英語には,fidelity があって,「忠実,誠実,忠誠」を表す。保険分野では fidelity insurance「身元信用保険」があり,従業員の不誠実行為や契約不履行によって生じる使用者の損害を補塡することを目的とする。

good faith の反対語は bad faith である。act in bad faith では「不誠実な行為をする」となる。

belief の動詞形 believe は,広く「信じる」の意味で使うが,もとは信仰に関連して使った。語源は,古期英語の *gelēfan* である。*ge* が be となり *belȳfan* も語源になるが,*lēfan* は,いまの lief「喜んで,快く」,「愛する,いとしい」の意味になる。この語は love と語源を共通にする。「神を信じる」というのに believe を使うが,「神の存在,真実性を信ずる」believe in God との意味になる。本来軽々しく使う語ではない。

dispatch, express
至急便，速達

　通常の送り方ではなく，知らせや手紙の「急送，急派」を dispatch という。ここから，「至急便，(新聞の) 至急報，電報，速達」を表すようにもなった。

　dispatch は，*dis*「除く，奪う」+ *pactus*「固定」のラテン語から生まれ，「急がせる」を意味するイタリア語の *dispacciare*，スペイン語の *despachar* も語源に当たる。もともとは，軍隊などで使者を「特派，急派する」といった文脈で使った。原義には，「(物事を) 素早く処理する，処分する」の意味がある。そこで，「(仕事や食事を) さっさと済ませる」だけでなく，「殺害，死による解決，処刑」の意味もあり，kill の婉曲語として使われたこともある。辞書には a happy dispatch「切腹」の例が載っている。

　貨物や郵便の「至急の」には express の語を使うのが一般的である。express を辞書で引くと「明示の，明白な」が先に載っていたりするが，語源を調べると同じ意味から発していることがわかる。

　express は，ex「外へ」+ press「押し出す」から成り，press の語源は，ラテン語で「押す，押し付ける，圧縮する」を表す *premō*，あるいは「ぎゅっと押して，(発音を) 明瞭に，(表現を) 簡潔に，正確に」を表す *pressē* である。

　「明示の」を表す express の反対語は implied であり，契約関係では express or implied warranty「明示または黙示の保証」といった使い方が特に重要である。

deal, negotiation
取引,交渉・買取

　法律用語として deal は,販売業者を意味する「ディーラー」の元になった語と考えるとわかりやすい。「取引,契約」を表す一方で,「密約,談合,不正取引」も意味する。

　deal の語源は,古期英語で「分配する,分割する」を意味する *dælan* である。トランプの「札を配ること」との意味もある。

　negotiation は,「交渉,折衝」の意味で日本語化している。法律用語としては,手形などの「買取,譲渡,流通」といった意味が重要である。

　negotiation は,「(人と) 協議し取り決める,協定する,交渉する」を表す negotiate の名詞形である。negotiate の語源は,business を表すラテン語の *negōtium* である。接頭辞 *neg-* は「否定」の not で,*ōtium* は leisure「暇」に当たるので,「暇がなく,間断なく」が原義である。日本語の「商い」も,元の意味は「せっせと売り買いをする」であり,negotiation が (取引の) 交渉を通じてビジネスそのものを表すのと共通する。

　広く「取引」を表す語に transaction がある。trans + act の名詞形で transact には「(取引や事務などを) 行う」との意味がある。語源に含まれるラテン語の *trans-* は,across「越えて,貫いて」を表す。(50 頁参照。)

scout, trade
スカウト，トレード

　scout は，「聞く」を表すラテン語や古期フランス語から派生した語なので，もともとは，軍事用語で「斥候」や「偵察兵，偵察機」を表す語として使われた。on the scout といえば「偵察中で」を意味し，go out scouting は「斥候に出る」になる。

　軍隊ではないが，ボーイスカウト，ガールスカウトの協会を the Scouts という。

　偵察すること，捜し歩くことの意味から，take a scout around では，「あちこち偵察する，捜し回る」となる。scout out といえば「物色して見つけ出す」である。さらに，スポーツや芸能などの新人探しをする人を scout ないしは talent scout というようになった。

　タレントというと芸能界をすぐ連想するかもしれないが，もとは「才能（のある人）」を意味した。語源は，ギリシア語の貨幣の単価であるタラントである。これが「才能」の意味に使われるようになったのは，新約聖書のマタイによる福音書中のイエスのたとえ話「才能に応じてタラントを分けた」からとされている。

　プロスポーツ界で「あの選手はトレード要員である」とか「トレードに出される」のようにトレードの語を使う。**trade** の語源は，「わだち」や「航路」を表す中期英語で，course や path と同じく，「道」のことであった。昔，Silk Road「シルクロード」が東西交易の主要ルートであったように，「道」は通商や貿易を象徴する。

　そこで trade は，「貿易」を意味するようになった。free trade は

「自由貿易」である。貿易・通商の元になる「取引」や「商業」も trade という。日本の経済産業省は，英語で Ministry of Economy, Trade and Industry（METI）という。

　貨幣経済が発達する前，取引は物々交換で行われた。とくに，国際取引，貿易ともなると，外国で共通した価値をもつのは，金や銀くらいであるから，かなり長い間物々交換が主流であった。trade が「交換」を意味するようになったのはそのためと考えられる。

　英和辞書によっては，trade を「交換」の意味で使うのはアメリカ英語であると断っている。いずれにしても，プロ野球界で trade を「選手の交換」の意味で使うのはアメリカから始まった使い方で，日本のプロ野球界がこれを「交換トレード」との言い方で直輸入した。

　trade には「業界」の意味もある。ある業界，同業者に通じる専門用語，特有の言い方を trade jargon「業界用語」という。「交換トレード」といった言葉で意味は通じるが，trade jargon ぽい響きをもつ。

　trade association は，「事業者団体」である。ただ，trade union は，「労働組合，とくに職種別組合」を意味し，労使で訳し分けそこなうとまずいことになる。

auction, distribution, sale
競売，販売，売買

　これら3語に共通するのはモノの「売却」である。ただ，モノを売却するといっても，売却の形態などによって使い分ける。

　auction は，日本語にもなっている「オークション」，すなわち「競売，競り売り」のことである。語源はラテン語で「競売（品）」を表す *auctiō* で，さらにその元は，「大いに増やす，（人に物を）授ける」を表す *auctō* である。

　distribution は「販売，流通（機構）」を表すが，英和辞典にも「分配，配給，分布」などの意味が先に載っていることが多い。元の語の distribute も「分配する，配布する」がまずあって，そのあとに「販売する」がくる。distributor には，「分配者，配給者」の意味があり，電気の「分配器，配電器」も指す。

　distribute は，「分配する，割り当てる」を意味するラテン語の *distribuō* が語源で，*distribūtiō* は「分割，割当，分類」を表した。distribution のこうした原義に照らすと，モノの売却といっても，相対(あいたい)取引によってではなく，多数にしかも組織的に売却するのが distribution であるとわかる。

　最もふつうに「売却」を表すのが sale である。**sale** は sell「売却する」の名詞形であり sell の語源は古期英語で「与える」を表した *sellan* である。この語は，後期の古期英語で「売る」との意味になるが，「裏切る，詐欺にかける」との意味に使われたこともある。

なお，ロマンス語の系統で「売る，販売する」を表す語は vend である。vending machine は「自動販売機」を指す。vend の語源はラテン語の *vendō* であり，「売る」だけではなく「(金銭・報酬を目当てに) 不正な取引をする，裏切る」の意味があった。ゲルマン語系の sell にも同様の意味があった点は興味深い。

　なお，「売主，買主」をいうのに，語系を合わせるのであれば seller and buyer, vender and purchaser となる。

　ラテン語の法諺に *caveat emptor* がある。いまの英語でいえば Let the buyer beware. あるいは Buyer must be careful. になり，「買主をして注意せしめよ」などと訳されている。*emptor* が買主に当たる。

　現代のように大量販売が行われる前の売買契約は，個々の物の個性に着目した取引であった。いまでも中古品や骨とう品などを買う場合がそうであるが，買う側で品物をよく吟味し注意をしないと「高すぎる買物」になってしまいがちである。

　それが大量生産，大量販売が一般的になり，消費者保護 (consumer protection) の考えも浸透してきた結果，逆に「売主をして注意せしめよ」の時代になったといえよう。

outlet, exit
出口

　outlet [áutlèt] を英和辞典で引くと，アメリカ英語として「(電気の) 差し込み口，コンセント」が載っている。もとは，液体や気体などの出口，はけ口を表すところから派生したものと思われる。ちなみに，「コンセント」は完全な和製英語のようだ。

　outlet は out + let で成っており，let は「置き去りにする」を表す古期英語の *lettar* から派生している。*lettar* は，「遅れた，おそい」の late の語源でもある。遅れるのはなんらかの妨害があるからであり，let には「妨害，障害」の意味もある。

　法律英語表現で without let or hindrance は「なんらの障害なく」と訳す。また，テニスでネットに触れて入ったサーブはレットといって再プレーになる。

　let を動詞で使い，out と共に let out ～といえば，「…を…から放出する，出す」の意味になる。outlet が名詞で「放出 (口)，はけ (口)」を表すのは，以上のところからきている。商品の「はけ口」がアウトレット店だと思えばよい。

　ただ，outlet は，もとの意味が「出口」であるから，商品でいえば「販路」であり，訳あり品を格安で販売することをはじめから意味していたわけではなさそうである。日本でアウトレット店がいわばブームになるかなり前から，アメリカなどでは，特定のメーカーと卸売業者の系列販売を outlet sale と呼んできた。

　retail outlet といえばふつうの「小売店」であるし，outlet store

for jeans はジーンズの安売り店ではなく,「ジーンズの小売店」がふつうの意味である。

いつの頃からかは定かではないが, アメリカに巨大な outlet mall「アウトレットモール」が登場した。それは, 何百というメーカーや卸売業者が直営の小売店を出す一大ショッピングセンターで, 不良品・きず物, 過剰在庫品, 型が古くなった製品などを安く売る。日本でもこの種のアウトレットモールが各地につくられ人気を集めている。

そうしたモールを構成する店舗が outlet store である。なかには, 系列外のメーカーの製品やどこにも問題のなさそうな正常品を安値で販売する店舗もあるようになっている。また, 対象商品も広がってきた。

アウトレット店のことは store を付けずに outlet 一語でも表す。日本語では, outlet mall のことを「アウトレット渋谷」のように地名とともに呼んだりしている。販売や流通に関する契約のなかで outlet での販売権を許諾するといった使い方はできる。outlet がこの分野で長期間にわたりはっきりした内容をもって正式な用語として使われてきた経緯があるからである。

とはいえ, 英語の outlet には,「意見や作品などの発表の場」,「放送ネットワーク傘下の地方放送局」という別の意味もあるので, outlet store といったほうがよいであろう。

アウトレットなどという以前から, たとえば曲がったきゅうりや形のゆがんだりんごを「正常品」よりも安く売るといったことは街の八百屋さんでもよく行われてきた。味が劣るわけでもないので曲がっていても気にしないという人にとって「お買い得」であることは, たしかである。

ただ，不景気で消費が低迷するなかでポピュラーになったアウトレットは，商品を大量に売り捌くための流通形態だと考えられる。

消費者にとっては安く買い物ができありがたいが，安くなっている「訳」をよくたしかめてから，納得して買うのがよい。これは法律英語，契約英語のはなしではないが念のため。

「出口」を表すより一般的な英語は exit である。emergency exit が「非常口」であることは，標識にもなっておりよく知られている。**exit** の語源は「出ていくこと」（to go out）を意味するラテン語 *exeo* である。

法律用語としては，令状や訴訟書類（writ or process）を「発すること」を意味する点が重要である。他に，exit tax は「出国税」，exit permit は「出国許可」，exit visa は「出国査証（ビザ）」である。ちなみに，visa は英語にも日本語にもなっているが，もともとラテン語の *carte visa* を略したもので，英語でいえば paper has been seen になる。出入国に際して「見られるもの」が visa である。

franchise
フランチャイズ

　franchise の語源を辿ると古期フランス語の *franc, fanche* から，さらに Frank 族にまで辿りつく。フランク族は，6 世紀にゴール人を征服しライン河流域に住んだゲルマン族で，同地域，ガリア地方において唯一の自由民であった。英語の frank が「率直な，公然の」を意味するのは，ここからきたとされている。

　フランチャイズは，ビジネス上認められた独占的営業権，一手販売権を意味する。通常のフランチャイズ・システムではフランチャイズの本部をフランチャイザー（franchisor）といい，その商標や経営ノウハウを用いて一定の地域で営業活動を許された企業をフランチャイジー（franchisee）という。フランチャイジーは商標や経営ノウハウのライセンスの対価を加盟店料として支払う。

　現代社会はフランチャイズ・システムなしでは成り立たないといってもよいであろう。コンビニエンスストア，クリーニング店，ファーストフード店，持ち帰り弁当屋など，身の回りの多くの事業がこのシステムによっている。

　フランチャイザーとフランチャイジー間では，フランチャイズ契約を締結するが，その内容が独占禁止法上問題とされることがある。契約によってフランチャイジーを過度に拘束するフランチャイザーの行為は，独占禁止法が禁ずる優越的な地位の濫用と判断されうるからである。

　公正取引委員会は 1983 年に「フランチャイズ・システムに関す

IV　契約，取引，金融

る独占禁止法上の考え方について」というガイドラインを発表し，フランチャイザーによる独占禁止法違反行為などを例示した。一般にフランチャイジーはフランチャイザーに比較して経済上も"弱い"立場に置かれている。些細な契約違反をとらえてフランチャイズ契約を解除されるならば，多額の初期投資をしているフランチャイジーは大きな損失を被りかねない。本ガイドラインは，いわば「弱者」保護的視点に基づいている。

　フランチャイズ契約のいずれの当事者にも倒産リスクはあるが，フランチャイザーが破産すれば，同契約は双方未履行の双務契約として，破産管財人がその選択にしたがって契約の解除か履行のいずれかを選択することができる（破産法53条1項）。仮に，管財人が解除を選択したとすると，フランチャイジーは，何ら責任がないにもかかわらず多大な損失を被ることになるので，賃貸借契約と同様に管財人の選択権行使を認めないようにすべきであろう（同56条1項参照）。

　プロ野球などで行われているフランチャイズ制は，プロスポーツチームが，ある都市を本拠地として独占的な興業権や放送権などをもつことを内容とする。しかし，そうだとしても，franchiseeはどこにいるのであろうか。この点は，日米プロ野球におけるフランチャイズはfranchiseのもとの意味から説明しないといけない。すなわち，この場合のフランチャイズは一定地域における独占営業権のことで，ファンの奪い合いを避けるため営業保護地域を認められたチームはその地域内で独占的に試合を興業する権利をもつ。したがって，franchiseeは各チームということになる。

accord, settlement
一致,和解

　accord は,「一致,調和」の一般的意味のほか,法律用語としての「和解,(国家間の)協定」といった意味でも使う。

　accord は,ac「…へ」+ cord「(元の意味は) 心」から成り,「心を通わせる」が原義である。accord の語源は,古期フランス語の *accord* である。ラテン語で *cor* は heart,すなわち,「心臓,心」を表すので,「心を通わせる」から「合意する」,「和解する」へと意味が変化してきた。

　accord and satisfaction という法律関係の成句がある。直訳すれば「合意と満足」であるが,本来の目的物以外の物でもって債務を履行する合意をして弁済の効果をもたらすこと,すなわち,「代物弁済」を意味する。

　settlement は,settle の名詞形である。settle は,「据える」「落ちつかせる」「安定させる」を意味し,ここから紛争などを「解決する」「処理する」「鎮静化させる」といった意味が導かれる。

　語源を辿ると,古期英語の *setl* = place of sitting に行き着く。これは「席」のことであるが,ふつうの席ではなく「王座」も表した。そのため名詞形の settlement は「財産分与(承継)」を表すとともに Act of Settlement で,イギリスの「王位継承法」(1701 年発布) を表す。

goods, product
物品，製品

goods の単数形である good は，「一所に集められた（gathered），ぴったりの（suitable, fitting）」を表す古期英語 *gōd* が語源である。有体物や家財を表す英語には，ほかに chattel という英語がある。この語源は，古期フランス語で cattle「家畜」，capital「資本，資産」と共通する。法律英語には，ゲルマン系の語とラテン系の語など同義語を並べて使う「習慣」があるが，「有体動産」のことを goods and chattels と並べていう。

人は「物」に囲まれて生きているが，かつてのとくに遊牧民族にとって最重要の財産は家畜であった。後に財産は不動産や債券などを含むようになるが，goods and chattels は，それらを除くところの有体動産を指してきた。民法の「動産」は不動産以外の物すべてを指すので goods の訳としては語源からみて広すぎる感じがする。

personal property のように「動産」を表すことがある。これに対する語は real property「不動産」である。「不動産及び動産」すなわち物全体を表すのに"real and personal"と略すこともある。

goods を英和辞典で引くと「商品」の訳が最初に載っていて，「物品」，「物資」，「家財」などが続くのがふつうである。これからも，goods が広く「不動産」以外の物を指すとは考えにくいところである。「商品」を表す英語としては他に merchandise があり，merchant「商人とくに貿易商人」と同じく，to trade「貿易する」を表すラテン語 *mercor* を語源とする。

ウィーン国際物品売買条約（United Nations Convention on Contracts for International Sale of Goods が正式名称である）は，国際取引とくに貿易取引の発展に寄与することを目的とする。そのため B to B（business to business「企業間」）の取引を対象とし，B to C（business to consumer）の「消費者売買」は対象から外されている（2 条 (a)）。また，「有価証券，商業証券，通貨，船，船舶，エアクッション艇（hovercraft），航空機，電気」を目的物とする売買も，これらが「物品」に当たるか否かの不明確性を避けるために適用除外にしている。

そこで，日本民法の法的概念であれば「動産」を当てるべきところ，同条約の日本語正式名称（国際物品売買契約に関する国際連合条約）は，貿易実務で用いる「物品」をあえて当てることにしたと考えられる。

product は produce「生産する，製造する」から生まれた語で，「生産物，製造物，成果（物）」を表す。法律面では product liability「製造物責任」の使い方が重要である。

produce は，*pro*「前に」+ *dūcere*「導く」のラテン語から生まれた。この原義から，「出して見せる，提示する」，「演出する，上演する，プロデュースする」といった意味に使うようになった。

lending, loan
貸付け，融資

　共にファイナンス関連の契約で同じような意味で使うが，それもそのはずで語源的には共通する。すなわち，**lending** は動詞の lend に ing がついたもので，lend は，古期英語 *lǽnan* から生まれ，末尾の d は，「非歴史的」あるいは「非語源的」添加がなされたものと説明されている。

　「貸す」を表す語には rent があるが，こちらは家や車などを比較的短期間かつ有料で貸し借りする場合に使う。

　loan は「住宅ローン」というように日本語化しているので訳すときは注意が必要になる。日本における「ローン」は，民法の下で原則として要物性をもった金銭消費貸借契約として締結されるからである。これに対し loan agreement は，むしろ原則として諾成契約で締結される。

　ちなみに，住宅ローンで貸す日本の金融機関が広く使う銀行取引約定書のほとんどは要物契約として作られている。

　これに対し，国際金融取引で行われる loan agreement は，ほとんどが諾成契約として締結される。日本における金融取引のグローバル化のためにも要物性の緩和をすべきとの指摘は従前からあったが，民法・債権法改正ポイントの1つに挙げられた。

instrument, securities, paper
法律文書,証券

　instrument, securities, paper の 3 語に共通する訳語に「証券」があるが,個々の取引の決済に使う個別証券か資金の調達に使う資本証券かの違いがある。

　instrument のふつうの意味は,「道具,器具,手段」である。ただ,negotiable instrument を「流通証券」と訳すように,instrument は,法律文書や証券,手形,証拠となる文書といった法律用語としても使う。

　instrument の語源にあたるのは,ラテン語の *instrūmentum* で「道具,装具,証拠(文書),手段」を表す。ラテン語のころから,証拠としての文書としての使い方がなされていたわけである。

　securities は security の複数形であり,「証券」を表す。security は,「安全,安全確保,保安(措置),保証・担保」を表すにとどまる。security は,secure「安全な,安心な,心配のない,確実な」の名詞形である。secure の語源は,ラテン語で「心配のない」(= without anxiety) を意味する *sēcūrus* である。

　アメリカの連邦証券取引委員会は,The Securities and Exchange Commission (SEC) というが,正しくは「証券と取引所に関する委員会」であり,取締の対象の securities は,資本証券である。

　paper のふつうの意味は「紙」であるが,複数形の papers では「書類,記録」を表し,さらに「手形,為替手形」のような個別証券を表すこともある。commercial paper(いわゆるコマーシャル・

ペーパー。CP）は企業の短期資金調達手段であって資本証券である。

paper の語源は，ラテン語の *papȳrus* であり「パピルス」を表す。

日本では第 2 次大戦後の 1948 年に，アメリカの連邦証券法制をモデルにした証券取引法が制定された。同法は，2007 年 9 月に施行になった金融商品取引法に取って代わられたが，法律の名称だけでいうと「証券」が「金融商品」に置き代わっている。

その理由には，金融が証券化（securitization）したことおよび日本のそれまでの法律における「証券」概念がペーパーベースのものにこだわりすぎていたきらいがあった点を指摘できる。

投資家（者）保護の観点からは，「証券」によらずとも投資契約のような「金融商品」から広く被害を防止しなくてはならないのである。

credit, trust
信用，委託

　credit の語源は，「信条」を表す creed と同じく，ラテン語の *credere* や *crēdit* にある。意味は「信じること」，「貸し付け」である。古今東西を問わずお金を貸すのは相手を信用していることの証しであるから，credit が「信用」と共に「貸し付け」を意味するのはすぐに納得がいく。

　そこで，名詞形の credit は，「信用」「名声」「評判」の意味をもつが，"give credit to ～" というと，「(人や話などを) 信ずる」となり，"give a person credit" は「ある人に信用で貸す」となる。

　こうした表現から「業績や功績などをある人に帰する，手柄とする」との意味が生まれ "give Mr. Bush credit for an honest person" は，「ブッシュ氏を正直な人だと認める」である。

　さらにこの延長上に人の功績，貢献などに対する「謝辞」がある。その代表例が映画などの制作にかかわった人たちへの感謝の表明である。映画の本編のあとに延々と監督，俳優，技術者，著作者などの表示が続くのが credits（通常，複数形）である。著作権や知的財産権をもつ人の表記といった意味もあるが，もともとが「謝辞」であるから，出版物に使用した材料の提供者への感謝の言葉にも使う。そしてこの部分を credit line という。

　credit のもう 1 つのグループが「信用（貸し）」から導かれる。on credit は，「掛けで，クレジットで（物を買う）」である。credit card は，そのための手段であるから，pay by credit card は「クレ

ジットカードで支払う」となり,「掛け買い」と同じである。店先に "No Credit" と書いてあれば,「掛け売りお断り」の店であり,「信用のない店」ではない。

credit は「掛け売り」のように貸し方の言葉としても使う。"have credit at a bank" は「銀行に預金をもっている」であるし,簿記用語では, credit 一語が「貸方 (への記帳)」あるいは「貸方項目」,「貸越し勘定」を表す。反対語は, debit である。「貸し,借り」いずれの側からの表現にも使うが,もとが「信用する」の意味なので,貸す側を表すのが原則である。

credit は,金融機関に対する関係でいえば,「預金残高」を表すとともに,金融機関からの「融資限度」も表す。これを一定の額で「100万ドルの融資枠」というときは, "credit line of 1,000,000 dollars" のように言ったほうがはっきりする。

そうなると映画などの credit line と紛らわしいのだが,使われる場面,文脈で判断すれば取り違えるおそれはそれほど大きくはない。「融資枠」に使う line は,「線」をはじめ多くの意味をもつが,ここでは区画を示す線,境界線の意味が近い。

line of credit では,信用供与額,最大貸付額を意味する。限度額のことは実務で「枠」ということが多く,「信用供与枠」である。

trust も credit と同じく「信用 (貸し)」を表すことがあるが, trust の語源はラテン語ではなく,ゲルマン語系統で古期ノルド語で,原義は「強い,固い」を表す *traust* である。ここから,ドイツ語の *Trost*「安心」が生まれた。そこで現在の trust には「信頼,信任」の元になる「安心して委ねること,委ねること,固く信ずること」の意味がある。

法律用語として trust の重要な意味は,「信託」である。信託の考

え方や実務を日本が取り入れてから久しいが，ルーツは中世イギリスに発達し英米法における衡平法（equity）の下で受益者のための財産を所有する制度として一般化された trust にある。

アメリカの連邦レベルの独占禁止法のことは(federal) Antitrust laws と総称する。「反トラスト法」として知られるが，このような名称になったことについては，歴史的経緯からの説明が必要である。

アメリカにおいては，企業集中がトラスト（trust）形態によるならば許されると考えられており，ロックフェラーⅠ世の始めたスタンダードオイルをはじめとする巨大企業集団が次々とできた時代がある。これを「取締る」目的で 1890 年に制定されたのがシャーマン法であり，いまでも連邦反トラスト法の主柱をなしている。

同法の下で司法省（DOJ）によって起こされた分割訴訟の結果 1911 年，連邦最高裁判所の判決でスタンダードオイルは分割された。

custody, deposit, escrow
保管，預金，第三者寄託

custody の語源は，「保管者，管理人」を表すラテン語 *custōs* である。ここから，「保護，監視，見張り，監禁」を表す *custōdia* が派生した。custody は，人の「保護，監護」に使う言葉であったが，やがて物の「保管」に使うようになった。物の「保有，所有」には possession の語を使うことが多いが，こちらは人には使わない。

deposit の一般的な意味は「預金」である。ただ，金銭だけではなく，貴重品や書類を預けることにも使う。「保管所，倉庫」の意味もあるが，この場合は depository を使うことが多い。人を主体に「保管人，受託者」を表すときは，depositary となるのがふつうである。deposit の語源は，*de*「下に」+ *positiō*「置くこと，植えること」から成るラテン語である。

escrow は，物の「保管，寄託」を表すが，「第三者による」ところに違いがある。escrow の語源は，ノルマン征服王朝で使われていたフランス語であるアングロフレンチで「巻物，名簿」を表した *escrowe* である。同じ意味の scroll は，「羊皮紙片」(= strip of parchment) を表す古期フランス語の *escroe* を語源とする。

昔，公的な書類は，羊，やぎの皮で作ったとされ，正式契約のうちでも条件付捺印証書を escrow と呼ぶようになった。条件付捺印証書は，作成者が一定の条件の成就によって捺印証書としての効力を生じさせる意図のもとで第三者または相手方に交付する証書である。第三者に交付する場合，この第三者のことは escrow agent と

いう。escrow はもともとイギリスで土地の譲渡に際して使われる不動産取引の最終決済（closing）のために利用されるようになり一般化した。

　現代社会になって，ソフトウェアのライセンス契約中の「エスクロウ条項」に escrow の語を見ることがある。この場合，ライセンサー（licensor 実施許諾者）が倒産しソフトウェアの実施が続けられなくなってライセンシー（licensee 被実施許諾者）における事業継続が妨げられないように，予め第三者（escrow）のところにソフトウェアを預けておく。

prime, subprime
優良の，劣位の

「プライム〜」,「サブプライム〜」のようによく使う。2007年夏にアメリカで起こった低所得者層向け住宅ローンの焦げ付きは，サブプライムローン問題を引き起こした。

prime loan というときの **prime** の語源はラテン語 *prīmus* で first, すなわち「第一の，一等の」を意味する。そこから,「優良の，最良の」となり，prime beef を「極上牛肉」と訳したりする。

prime は，貿易関連の英文契約に，輸入代金の支払いは，to be paid by letter of credit issued by a prime bank「優良銀行の発行する信用状による」のように登場する。

ファイナンス関連の契約で prime rate といえば,「最優遇貸出金利」, すなわち銀行が優良企業向け無担保短期貸付けに適用する金利のことである。名詞形で the prime というだけで，プライムレートを指すこともある。この prime が適用される融資が prime loan である。

一方，sub は接頭辞として「下，下位，副，亜，半」を意味する。ラテン語 *sub* は under または below を表すから,「下位」が本来的意味である。ただ，さまざまな語との組み合わせ次第で適切な意味に訳し分けていかなくてはならない。

だれでも知っている subway は「地下鉄」であるが，直訳すれば「(地)下の道」で，イギリス英語で subway は「地下道」であり，地下鉄は underground である。

契約用語としては，sublease や sublicense が重要である。sublease は「転貸，また貸し」のことで，lease は，日本語になっているリースではなくここでは本来の「賃貸借」を意味する。lease agreement における lessee「賃借人」が原契約上の地位を維持しながら，賃借物件の全部または一部を転貸する。

転貸のための契約は sublease agreement であり原契約の lessee が sublessor「転貸人」となり，転借人は sublessee である。したがって，この場合の sub は「下位の…」というよりは，「副…」のほうがあたっている。sub はそれ自体で代理人とか「スーパーサブ」でおなじみの補欠選手を表すが，復（副）代理人のことは subagent あるいは substitute という。

sublicense では，原ライセンス契約の licensee が sublicensor となって sublicensee にノウハウなどの再実施許諾をする。sublease と原契約の関係はよく似る。sublease の場合転貸の対象になった不動産など（たとえば家のなかの一部屋）を sublessee に明渡し使用させるが，sublicense では，sublicensor は sublicense をした後も対象になったノウハウなどをそのまま使用し続けることができる。

ファイナンス関連の契約に，subordination agreement がある。これは債権者間で一方の債権が他方の債権に劣後することを約する「劣後契約」である。

ところで **subprime** loan であるが，prime loan すなわち最優良貸出先への loan に対し，prime の前に sub がつくことでそれよりずっと劣位の loan を意味する。最良貸出先に「準ずる」ではなくその対局にある不良貸出先向けの loan も意味するから，subprime loan の貸出債権は default を起こし不良債権となる可能性がかなり高い。

Ⅳ　契約，取引，金融

　問題となったsubprime loan は，アメリカにおける低所得層向け住宅ローンである。住宅ローンといえば，返済のあてがないような人にはそもそも貸し出しされないのではと日本では考えがちであるが，アメリカではやや事情が異なる。

　不動産の価格が右肩上がりで上昇していくことを見込んで，本来ならば借りることが到底できそうにない人たちにも住宅ローンが貸付けられてきたからである。そうなるとsubprime loan は「反」プライムローンと訳したほうが当たっているかもしれない。

　なお，広く「優秀な，一流の」を表す語にexcellent がある。法律用語としての使い方はあまりしないが，元のexcel には「(他より) すぐれる，まさる」の意味がある。excel の語源にあたるのは，「抜きん出る」を表すラテン語の*excellō* である。

charge, surcharge
負担,追加料金

　自動車のバッテリーを「チャージする」というように，chargeは日本語にもなっているが，法律用語としても多様な使い方をする。

　charge の語源は，「四輪の荷馬車」を表すラテン語 *carrus* である。ここから，「車に荷を積み込む」との意味が生まれ，charge の原義となった。ちなみに *carrus* は，「自動車，車」を表す car，「運ぶ，運送する」を表す carry の語源にも当たる。

　charge には法律用語である名詞としてだけでも「請求，負担，担保，税，義務，責任，管理，告発，問責」など多くの意味がある。

　charge には，名詞で「代価，請求金額，料金」といった，いわばふつうの意味があるが，辞書には，その後に「負担，税金，課徴金，告訴・告発」のように"悪い"内容の語が並ぶ。他方，charge には，金額を内容とする語とは別に「義務，責任，任務」の意味もある。どうやら charge には，税金に代表されるような，いやいや押し付けられる金銭額といった意味がありそうである。

　charge には「負担」からの連想で「担保（権）」の意味がある。とくに floating charge は「浮動担保」と訳されるが，増減を繰り返す企業の資産を包括的に，網をかぶせるようにして担保権の対象にする。

　また陪審員（jury）に対する裁判官の説示のことを charge という。

　surcharge は，一般に基本料金に対する追加料金，割増料金をいうときに使う。接頭辞の sur- は，「…上に，…に加えて」を表すの

で，surface といえば「顔の上に」で「表面，うわべ」になる。ほかにも surprise は「上からつかまえられた」で，「驚かす，びっくりさせる」の意味に転じる。prise には prize と同じ「捕獲（物），拿捕」の意味があるからだが，上から捕獲されたらサプライズとなるのは当然のことであろう。

sur- は，古期フランス語が語源であるが，super- と同じ意味でその変形である。superficial は「表面上の，見かけの」だが，of the surface を表すラテン語 *superficiālis* から派生した語である。

surcharge は，「追加的な，過度の charge」が本来の意味である。追加料金，割増料金の意味に使ってよいのだが，眼に見える物品の代金にはあまり使わない。charge の語源は，「荷を積み込む」を表すラテン語の *carrus* であるから飛行機や船を使った旅行代金の追加，割増料金をいうには surcharge は適している。

ある英和辞典は，surcharge の最初の意味として「（代金などの）不当請求，暴利」をあげている。その後，「追加料金，割増金，課徴金，不足金，（課税財産の不正申告に）追徴金を課すこと…」と続く。また動詞の意味としては，「（サービス料）として…に追加料金を課する，（不正申告に対し）…から追徴金を徴収する」が最初に載っている。

そうなると，単なる「割増料金，代金」に surcharge を使うのはあまりそぐわなそうである。ちなみに，法律用語辞典は surcharge をどう説明しているだろうか。まず *Black's Law Dictionary*（8th Edition）である。名詞の最初の3つだけ挙げると，"1. An additional tax, charge, or cost, usu. one that is excessive."「通常は超過した追加の税，負担または費用」，"2. An additional load or burden."「追加的負荷または荷」，"3. A second or further mortgage."「2番ま

たはそれ以下の売渡抵当」である。これだけでもかなりテクニカルタームとして限定された場面で使うことがわかる。

次に，*Ballentine's Law Dictionary*（3rd Edition）だが，こちらは surcharge の項には，簡単に "An additional amount added to the usual charge. An exaction." すなわち「通常の charge に付加された追加の金額」とだけ説明している。ただ，末尾に exaction というあまり見かけない英語を載せている。これは，「取り立て（金），強要（されるもの）」を意味するので，まさに税金的ニュアンスである。

海外パック旅行の広告にも登場するサーチャージは，国際線を運航する航空会社が航空運賃に上乗せする「燃油特別付加運賃」のことである。これをサーチャージそのままで旅行会社が使うのは押しつけがましい感もある。通常の契約で「追加料金・代金」といいたければ単に additional fee, additional payment といったほうが "穏当" であろう。

guaranty, warranty
保証,担保(責任)

　共に「保証」と訳され,たがいに「二重語」として同じように使われてきたが,現在は,法律用語としての用法を分ける。

　guaranty の元は,古期フランス語（OF）の *g(u)arantie* である。ただ,guaranty は,warranty の異形であって,**warranty** の元の warrant は,古期ノルマンフレンチ（ONF）の *warant* が中世英語に取り入れられ *warant* になったとされる。

　OF の gu-, g- と ONF の w- で始まる二重語は,guard-ward, guardian-warden のようによく見られる。

　warrant は,最初から「保証」を表したわけではなく「保護者」,「守り」から「証人,証明(書)」を経て「保証」を表すようになった。

　現在の用法における warranty と guaranty の違いは登場する当事者の数にある。すなわち,warranty は2当事者間で,guaranty は3当事者間で使う。warranty は,売主が売買目的物の品質を保証するとの場面で使うのが典型であるのに対し,guaranty は債権者が主債務者に対して有する貸金債権につき guarantor が guaranty するといった場面で使うのを典型とする。

　なお guaranty と同じ「保証」「保証書」の意味で guarantee と綴ることがある。guarantee は,guaranty の変形であって,-ee のふつうの使い方から「被保証人」と訳すと当事者が違ってしまう。

collection, recourse
回収, 償還請求（権）

　collection は,「集めること」が一般的な意味であるが, 何を「集める」かで意味内容が変わる。「切手のコレクション」のような日本語になった使い方もある。

　collection の法律や契約分野における重要な意味が,「債権回収」である。関連語に collectibility があるが, こちらは「債権の回収可能性」, いいかえれば「不良債権度合い」を表すとみてよい。

　collection は collect の名詞形であり, 語源は「集めること」を意味するラテン語の *collectus* である。いまでは collection を債権の「回収, 取立て」の意味で使うことは多く, collection agency といえば「債権取立て代行業者」のことである。

　collectibility を, たとえば株式買取（stock purchase）方式による企業買収の契約中に条項の表題として入れることがある。M&A の契約でポイントになるのは, 買収対象会社を評価し, 適切に買収価格をはじき出すことだが, 対象会社のもっている資産のうち債権を契約時点で正確に評価することはかなり困難である。それは債務者の信用度次第で回収可能性が左右されるからである。

　そこで, M&A のための株式買取契約ではたとえば 10 億円のいわば額面で債権を評価しておいて, もし不良債権であったときは後で調整することがよく行われる。そのための英文契約の条項が "collectibility clause" である。

　典型文例を掲げる。

IV 契約，取引，金融

The Seller shall indemnify and hold the Buyer harmless from all losses arising to the Buyer or the Target, by reason of failure of debtors of the Target, as appearing from the accounts of the Target at the Closing, to make full payment to the Target within thirty (30) days of the due date for payment.
「売主は，クロージング時点で対象会社の計算書に表れたところに照らして，支払期日の30日以内に対象会社に完全に支払いが対象会社の債務者によってなされないことによって買主または対象会社に生じるあらゆる損失から，買主を免責し補償するものとする。」

この条項は，一種の損失補償条項すなわち，indemnification clause である。別名ホールド・ハームレス条項ともいい，all losses から harmless「無害」に hold するというのであるから，損失は売主（現株主）側で補償しますとの内容になる。

この種の条項は売主の瑕疵担保責任を類推的に規定したものとみることもできる。株式そのものの瑕疵ではないが実際上の売買目的物である会社資産の一部に瑕疵があるからである。

2000年2月，国有化されていた日本長期信用銀行の株式売買契約が，預金保険機構，海外の投資組合，および同銀行の間で締結された。この契約の正本は日本語であるが，金融庁が英文の"Tentative Translation"（Summary of the Conditions for the Acquisition of LTCB by New LTCB Partners-September 28, 1999）をネット上で公開している。

本契約は英文訳が実態をよく表しているように株式売買の形を取った長銀の買収契約であった。その第8条には「貸出関連資産

285

の瑕疵担保」（'Assurance against Defect of Loan-Related Assets'）が入っており，クロージング時から3年以内に，当該資産に瑕疵があり，2割以上の減価が認められた時は，新生長銀は当該資産の譲渡を債務者毎のすべてについて一括して解除することができるなどと規定していた。

　recourse のふつうの意味は，「（困ったときの）頼みの綱，最後の手段」である。この語も使う場面によって意味内容が変わるが，法律用語としては，「償還請求権，遡求権」が重要である。

　recourse は，*re*「反対に」と *cursus*「走る」から成るラテン語が語源である。通常のコースではなく「逆コース」を行くと思えばよい。その意味するところは，手形の「遡求権」で説明するのがわかりやすい。手形の裏書人は，二次的支払義務者として，手形の所持人（holder）からの償還請求権に応じなくてはならない。日本の手形法でいう遡求義務者である。

　しかし，裏書をする際手形上に "without recourse" と明記した場合には，裏書人は遡求に応じる義務を負わない。すなわち，without recourse と明記したら，何らの支払義務を負わない意思を明らかにしていることになる。この場合，裏書人は，裏書そのものによっては契約上義務を負うものではなく，ただ有価証券上の権利の譲渡人になるにすぎない。日本の手形法にいう無担保裏書にあたり，権利移転的効力のみが生じる。手形の正当な所持人のことは，holder in due course というが，recourse は，コースを逆に戻っての請求である。所持人からみてコースの前者，つまり裏書人に対する請求という意味で，この recourse を捉えることができる。

　不動産の証券化・流動化の関連でよく出てくる non recourse loan について説明する。このタイプのローンは，プロジェクト・ファイ

ナンスで使われはじめた。プロジェクトごとに会社をつくり，その会社が運営主体としてプロジェクト資産を所有する一方，プロジェクト遂行に必要な資金の借入人となる。ただ，多くの場合その親会社は借入れにつき保証人になるわけではないので，貸手からみれば，借入につき親会社に遡求（recourse）し得ないことになる。

現在では，プロジェクト・ファイナンスにかぎらず，non recourse loan といえば，融資に対する求償権の範囲が，担保資産に限定されているローンを指す。逆は recourse loan であるが，融資に対する求償権の範囲が，担保資産のみならず借手の資産全体に及ぶローンのことをいう。recourse loan に比べ non recourse loan は，債務者自身の信用力ではなく，事業単位の担保力を判断して融資を行う。仮にその事業が失敗に終わり担保価値が下落したとしてもそれ以上の求償はなされない。

それだけに non recourse loan においては，貸手側のプロジェクトを見る眼のたしかさが求められる。従来型でもある recourse loan の場合，求償権の対象は特定されず，債務は完済までのこってしまう。これが日本で不良債権処理が遅れた理由の1つともいわれている。

なお，「償還する，返済する」を表す語に reimburse がある。re ＋ imburse から成り，この場合の re も「反対に」を意味する。imburse の語源にあたるのはラテン語で「財布の中にしまう」を意味する *imburse* である。

haven, shelter
（租税）回避地，避難所

　共に「避難場所」の意味をもつが，税法の分野において「租税回避地」として tax shelter, tax haven で用いられる。

　haven の語源は，古代ノルド語の *hafnar* であり，原義は「船を（嵐などから）避難させておく場所」（= place that holds ships）である。tax haven といえば「租税から避難する場所」であるが，世界には他と比べて所得税や法人税が極端に低い国や地域があり，ここに tax haven corporation を設立して日本の親会社から利益を移そうと試みたりする。

　こうした租税回避行動をいわば野放しにしておくならば日本の税収が落ちてしまうので，いわゆるタックスヘイブン税制や移転価格税制が行われている。

　shelter の語源は，古期英語の *sćeldtruma* であり，「組み立てられた施設によって保護（shield）された人」が原義である。a nuclear bomb shelter「核シェルター」のように使う。語源的には，shield と関係があるとされている。

　なお，「避難，回避」を広く表す語に escape があり，「逃げ路，のがれる手段」の意味にも使う。escape の語源からくる原義はラテン語の *cappa*「外衣，ケープ，合羽を取り去る」である。

tax, levy, impost
税

　いずれも「税」を表すのに使う英語であるが，税の種類によって使い分けをすることがある。

　最も一般的に「税，税金」として使うのが tax であろう。語源にあたるのは「（さわって）評価する」を意味するラテン語の *taxare* である。さらに元のラテン語は，*tangere*「触れる」であり，tact も同じ意味を持つところから contact「接触，コンタクト」も派生したとみられる。

　direct（indirect）tax は「直接（間接）税」であり，value added tax（VAT）は「付加価値税」，consumption tax は日本における「消費税」である。ただ，イギリス他では消費税を excise tax という。excise の語源にあたるのは，ラテン語の *excisum* であるが，これは「削る，削除する」を意味する動詞であり，名詞で「税」を表すもう1つの excise の語源にあたるラテン語は *cēnsus* である。

　これら2つの excise が混同され，「一部を削り取られる」感のある消費税を表すようになったとされる。もともと酒やタバコの生産，消費に課されていたことから日本の消費税よりは課税対象は狭い。「物品税」と訳す例があるのはそのためであろう。

　levy は「税」そのものも表すが，「徴税」や「課税」のほうが語源から導かれる原義に近い。levy の語源にあたるのは「持ち上げる」を表すラテン語の *levāre* であり，lever「てこ，レバー」もここから生まれた。levy は，古くは「（兵隊の）召集，徴用」を意味

したことがあり，いまでも「差押物件」を意味する。要するに，税と同じように「召し上げられるもの」を広く意味すると考えればよい。

impost は，税のなかでも「輸入税，関税」を表すのに使う。impost の元の動詞 impose は，「（義務や税などを）人に課す」を表し，語源にあたるのはラテン語で「上に置く」を意味する *imponere* である。名詞では *impositus* となり「課されたもの」を表す。

税を表す英語には他にも customs や duty がある。customs の複数形で「関税」を表すが，custom の単数形では「税関」を表す（35 頁，215 頁参照。）。custom の語源にあたるのは「習慣」を意味するラテン語の *consuetude* である。custom と「衣装，コスチューム」の costume とは語源を共通にする二重語である。人々が習慣的に着た衣服のことをコスチュームといい，慣習的な取引のなかで税を課すようになったのが customs だとされる。

かつては国内取引にも customs が課されていたというが，外国との輸出入についての使い方だけが customs「関税」として残った。

＜参考文献＞

『英語語源辞典』(寺澤芳雄編,縮刷版,2008年4月,研究社)
『新英和大辞典』(編集代表松田徳一郎,第2版,1999年4月,研究社)
『改訂版 羅和辞典』(水谷智洋編,2009年3月,研究社)
『新英和中辞典』(竹林滋,東信行,諏訪部仁,市川泰男編,第7版,2006年1月,研究社)
『法律ラテン語辞典』(柴田光蔵著,1985年6月,日本評論社)
『英米法のことば』(田中英夫著,1986年7月,有斐閣)

Bryan A. Garner, *A Dictionary of Modern Legal Usage* (Oxford University Press, 2nd ed., 1995)
James A. Ballentine, *Ballentine's Law Dictionary* (The Lawyers Cooperative Publishing Company, 3rd ed., 1969)
Bryan A. Garner (Editor in Chief), *Black's Law Dictionary* (West Group, 8th ed., 2004)

和 文 索 引

(太字は本文での見出し語を表します)

〔あ行〕

アーカイブ……………………184
アーキビスト…………………184
アービトラージ………………94
アウトレットモール…………262
あっせん………………………94
アメリカ合衆国………………5, 11, 53
アメリカ合衆国憲法…………5, 52
アメリカ合衆国大統領………162
安全配慮義務…………………105
Eディスカバリー……………86
委員会………………………160
異議…………………………91, 92
生き残り……………………251
違憲立法審査権………………44
意思…………………………219
意匠……………………………125
委託…………………………272
一致…………………………266
移転価格税制…………………288
居所……………………………147
委任…………………………160, 167, 211
委任契約………………………210
違反…………………………238
違法行為………………………98
いやがらせ……………………104
印………………………………208

因果関係………………………205
イングランド銀行……………24
印紙税…………………………208
印章…………………………208
インセンティブ………………220
インセンティブ報酬…………220
印判……………………………207
ウィーン国際物品売買条約
　……………………51, 54, 198, 238, 268
ウェーバー制…………………242
請負……………………………201
訴答……………………………107, 252
裏書……………………………286
売渡し抵当……………………209
うわさ話……………………107
英米法…………………………65, 203
英連邦…………………………12, 80
疫病…………………………110
エクイティ (衡平法)…………75, 79, 241
エスクロウ条項………………276
FA宣言………………………166
王………………………………17
王位継承法……………………266
欧州連合………………………175, 181
応諾…………………………31
応答…………………………83
横領……………………………113
贈り物………………………204

落ち度	243
覚書	118, 223
オンブズマン	181

〔か行〕

会議（体）	160
階級	63
会計検査官	183
解決	97
解散	191
開示	86
会社	144
会社更生	**192**
会社更生法	99, 192
会社法	172, 223
回収	102, 284
改訂	234
回答	83
買取	256
海難報告書	91
開封特許状	119
回復	99
解放	246
解約	252
解約権	109, 242
下院	11
確信	254
隠れた瑕疵	119
影の内閣	10
瑕疵	39, 99
瑕疵担保責任	285
貸付け	**269**
課税	289
加速	245
型	124
課徴金	280
合衆国憲法	85, 90, 162
合衆国憲法修正第5条	27
合衆国最高裁判所	90
合衆国最高裁判所長官	60
合衆国大統領	85
合併	**168**
ガバナンス	149
株式会社	143, 145
株式社団	145
株式等公開買付け	168, 202
株主総会	37
カルテル	152
枯葉剤	166
官印	**208**
環境	**37**
環境省	38
環境保護	**37**
環境保護庁	38
監禁	275
監査意見書	173
監査法人	146
監査役	183
監査役（会）	159
監視	**179**
慣習法	35, 41, 44, 249
関税	215, 290
完全合意条項	249
監督	**179**
官僚主義	249
官僚的形式主義	249

293

緩和	**246**
議会	**11**
機械言語	93
規格	66
企業	**140**
企業アーカイブ	184
企業会計審議会	154
企業行動憲章	176
企業集団	**169**
企業取得	**168**
企業買収	168
期限の利益喪失約款	245
議事録	**70**
擬制悪意	117
擬制通知	117
奇跡	**87**
偽造	170
規則	**41, 49**
貴族院	12
規定	**49, 228**
基本定款	223
基本売買契約	201
決まり文句	**248**
機密保持	**126**
義務	**215, 216, 280**
義務の懈怠	239
虐待	**113**
ギャラ	165
キャラクター	**124**
救援	100
救済（策）	100
救済方法	100
吸収合併	168

旧約聖書	219
教育委員会	160
協会	**142**
業界用語	258
矯正	247
行政監察官	**181**
行政部・経営者	**162**
強制リコール	102
競争	**32**
競争相手	**82**
協定	118
共同出資者	152
競売	**229, 259**
共和国	**2, 6, 11**
共和制	6
拒絶証書	91
許諾	**134**
記録	**186**
疑惑	**87**
均衡	**65**
銀行法	23, 190
金銭消費貸借契約	245, 269
禁反言	**240**
禁反言の原則	241
金融ADR	182
金融オンブズマン	182
金融危機	23
金融サービス市場法	24
金融商品	103
金融商品取引法	23, 34, 185, 271
金融審議会	182
金融庁	189
苦情	72

国	2
国及びその財産の裁判権からの免除に関する国際連合条約	20
組合	**142, 143**
組合契約	146
クライテリア	67
クラウン・コート	186
クラスアクション	64
クレーム処理	72
クロージング	252, 285
グローバリゼーション	51
グローバルルール	51
君臨すれども統治せず	6
経営学	9
経営指導念書	173
経営ノウハウ	264
軽減	**246**
経済協力開発機構	55
経済産業省	258
警察	16
刑事訴訟	74
継続企業の前提	152, 153
継続的供給契約	112
契約	**203**
契約違反	238
契約解除	253
契約交渉	219
契約締結	231
契約の成立	198
契約不履行	254
決議	**97**
決闘裁判	81
検疫	**110, 111**

権限	**22**
権原	39
権原確認訴訟	39
現行犯逮捕	15
原告	**81**
原罪	**114**
検査官	**181**
検察審査会	116
堅実性	**188**
憲章	**3**
健全性	**188**
原則	**23**
原典	226
憲法	**3**
憲法制定会議	5
原本	**224**
権利	**25**
権利関係	**132**
権利章典	234
権利侵害	**98, 121**
権利放棄の原則	241
権力	**22**
元老院	11
合意	**203**
行為者	**166**
後援	**172**
後援者	245
公開移籍	242
公開買付け	202
抗議	**91**
交渉	**256**
交渉プロセス	253
公序良俗	123

公正	**60**
公正取引委員会	161, 264
控訴裁判所	89
皇帝	**17**
行動基準	67
行動準則	67
口頭誹毀	**108**
公認会計士	173
公文書等の管理に関する法律	184
衡平法	**65, 75, 101, 274**
衡平法裁判所	100
合弁事業	141
合名会社	143
ゴーイングコンサーン	152
コーポレート・ガバナンス	151, 221
子会社	172
顧客	**34**
刻印	208
国王裁判所	75
国際会計基準	189
国際監査基準	153
国際規格	66
国際規格原案	150
国際私法	155
国際商業会議所	73
国際的	**50**
国際取引	50
国際標準化機構	66
国際物品売買契約に関する国際連合条約	51
国際レビュー基準	180
国際連合	2
告訴	114, 280
告訴状	116
告発	114, 280
告発状	116
国民	**2**
国民投票	**13**
国務長官	21
国連	2
国連国際商取引法委員会	51
個人債務者	192
個人債務者更生手続	192
個人データ	127
古代ローマ法	47
国家元首	213
国家主権免除法	20
国庫	**128**
個別証券	270
コベナンツ	153
コミッション	133
コミットメント	211
コミットメントフィー	211, 212
コミットメントライン	211, 212
コミュニティ	149
コモンロー	42, 65, 74, 79, 241
コモンロー裁判所	79, 100
誤用	**113**
コンツェルン	152
コンプライアンス	31, 175
コンプライアンス・マニュアル	175
コンプライアンス基本方針	176
コンプライアンス体制	175
コンフリクト	**157**
コンフリクトチェック	155
婚約	**209**

〔さ行〕

サーチャージ……………………282
サービス・マーク………………123
サーベンス・オクスリー法………45,185
債券………………………………267
債権回収…………………………284
再建型倒産手続………………99,191
債権取立て代行業者……………284
債権法……………………………34
債権法改正………………………34
最高経営責任者………………159,162,163
最高法院法………………………80
催告………………………………72
財産事務管理……………………167
財産分与…………………………266
再審査……………………………179
裁定……………………………88,253
災難・障害………………………96
財閥………………………………152
裁判員……………………………77
裁判員制度………………………77
裁判外紛争解決手続の利用の促進に
　関する法律………………………96
裁判官……………………………76
裁判管轄漁り……………………69
裁判管轄条項……………………225
裁判管轄地………………………20
裁判所（地）……………………68
裁判所法…………………………225
債務………………………………215
財務省……………………………129
財務省長期証券…………………129

財務諸表…………………………153
財務諸表規則……………………153
債務超過…………………………189
債務不履行…………109,210,214,239,241
債務不履行事由…………………109
財務報告…………………………184
最優遇貸出金利…………………277
材料………………………………127
作業所……………………………177
錯誤………………………………222
差押………………………………233
差押物件…………………………290
差止………………………………100
差止請求…………………………155
サブプライムローン……………277
鞘取り売買………………………94
参政権……………………………29
支援………………………………172
士気………………………………40
至急便……………………………255
事業……………………………140,152
事業者団体………………………258
事件………………………………109
事故………………………………109
自己負罪拒否特権………………27
資産………………………………128
事実誤認…………………………77
事実審……………………………89
事実認定…………………………77
事実認定者………………………76
自然法……………………………42
質権………………………………211
実行………………………………218

297

実在（物）	142	自由設立主義	145
実施許諾	135	住宅ローン	269, 277, 279
実質支配基準	172	**集団**	**169**
児童虐待	113	自由の女神像	4
自動販売機	260	従犯	236
支配者	**18**	従物	62, 236
支払不能	189	**醜聞**	**107**
支払猶予	**244**	自由民	29
四半期報告書	180	住民投票	14
四半期レビュー	180	重要機密情報	115
司法官	76	**主権者**	**18**
司法権	60	主権免除特権	19
司法省	61, 274	出国許可	263
司法部優位	44	出国査証（ビザ）	263
資本証券	270, 271	出資者	143
シミュレーション法務	131	出版物	272
市民	**28**	**取得**	**168**
市民オンブズマン条例	182	取得時効	228
市民権	28, 29	守秘義務契約	126
事務弁護士	**80**	主物	236
指名	21	巡回裁判	163
シャーマン法	274	準拠法	225
社会的責任投資	149	準拠法条項	225, 249
社長	**162**	**遵守**	**31**
州	**2**	上院	11
集会の自由	234	**商会**	**144**
衆議院	11, 28	障害物	237
衆議院議員	116, 167	償還請求（権）	284, 286
住所	147	**賞金**	**88**
修正	234	証券	270, 271
修正契約書	232	**証言**	**84**
修正条項	234	証券化	271
充足	**218**	条件付捺印証書	275

証券取引委員会	161	消滅時効	241
証券取引所規則	159	**条約**	**52**
証券取引法	271	**奨励（金）**	**220**
証拠（物）	**84**	処刑	255
条	**229**	**助成金**	**172**
条項	**229**	所有権	113,227
証拠開示手続	**86**	**書類**	**186**
上告受理の申立	175	**資料**	**127**
証書	275	新株引受権	26
情状酌量	246	新株予約権	26,221
昇進	**245**	**信義**	**254**
上訴	**89**	シンジケート・ローン	19,20
上訴人	81	申請	32
承諾	**134,198**	信託的譲渡	210
譲渡	256	人頭税	14
譲渡条項	249	秦の始皇帝	17
商人	267	**シンボルマーク**	**122**
証人	84	**人民**	**28**
承認	**118**	新約聖書	219
小陪審	76	**信用**	**272**
消費者	**34,151**	信用供与額	273
消費者庁	34	信用供与枠	273
消費者法	35	**審理**	**86,89**
消費者保護	34,260	**スカウト**	**257**
消費税	215,289	ステークホルダー	149
消費貸借契約	212	ステークホルダー・エンゲージメント	148
商標	**122,123**	ストックオプション	221
商標条例	120	スパイ	115
商標法	120,122	**税**	**280,289**
商品	**230,267**	**請願**	**32,74**,147
商法	212	税関吏	36
情報	**115**	**正義**	**60**
正本	**224**	**請求**	**72**,280

請求払い保証	73
税金	289
政権	**9**
成功報酬制	220
政策	**15**
清算	191
清算型倒産手続	191
清算結了	252
正式記録裁判所	186
聖書	235
製造工場	**177**
製造所	**177**
製造物責任	214, 268
制定法	**45**
制定法主義	249
製品	**267**
製品リコール	102
政府	**9**
成文法	46
誓約	**206**
誓約事項	153, 206
誓約条項	206
責任	**213**
セクハラ	104, 105
世代	33
節	**229**
接近	**62**
説明責任	213
宣言書	**15**
宣誓	**85**
専制君主	18
専売条例	121
専売特許条例	120

送達代理人	70
相当因果関係	112
双方未履行の双務契約	265
双務契約	3
贈与	**204**
促進	**245**
速達	**255**
訴訟	**74**
訴状	32, 70, 83, 108
訴訟書類	**70, 263**
訴訟手続	**70**
租税	288
租税回避地	**288**
租税条約	54
ソブリン・イミュニティ	19
ソブリン・リスク	18
遡求	287
遡求義務者	286
遡求権	286
ソルベンシー・マージン	188
ソルベンシー規制	189
損害	**98**
損害賠償	88, 98, 99
損害賠償額軽減事由	246
損害賠償責任	214
損害保険	16
損失補償条項	285

〔た行〕

代議士	166, 167
対抗勢力	**82**
第三者寄託	**275**
第三者認証	149

大試合……63	チャンドラー法……193
対人訴訟……74	**治癒**……**99**
代替的紛争解決方法……94	中央情報局……115
大統領……**21,162**	仲介人……226
大陪審……76,116	中華人民共和国……28
代表（者）……**166,167**	**仲裁**……**94**
代表団……167	**仲裁判断**……**73,88**
代表取締役……158	忠実義務……156,215
対物訴訟……74	**中傷文**……**108**
代物弁済……266	**中心**……**174**
大法官（府）……75	**中枢**……**174**
大リーグ機構……242	**注文**……**201**
大陸法……47,203	徴税……289
代理店……133	**調停**……**94,95,247**
代理店保護法……133	**諜報**……**115**
代理人……**78,166**	直接（間接）税……289
諾成契約……269	著作権……8,130,272
多国間条約……54	著作権法……130
立ち会い証人……84	著作物……130
タックスヘイブン税制……288	勅許状……4,145
短期資金調達手段……271	直系親族……236
談合……256	陳述……240
単純封土権……165	賃貸借……278
男女雇用機会均等法……105	**追加**……**231,233**
担保……270,280	追加契約書……231
担保（責任）……**283**	**追加料金**……**280**
治安判事……39	通貨監督局……182
地域……**8**	通商……257
遅延……244	通商航海条約……120
誓い……85	通商法……237
知識……117	**通知**……**117**
知的財産権……124,128,272	通知条項……117
チャプター・イレブン……191,193	**罪**……**114**

301

見出し	ページ
ディカバリー	27
定義条項	232
提供	**201**
定型的文言	248
締結	**252**
提出	**71**
抵触法	155
ディスクロージャー	86, 202
訂正	**234**
提訴	**71**
抵当	209
敵	**82**
適合	**247**
出来事	**109**
敵対的企業買収	167
敵対的買収	26, 155
摘要書	223, 227
出口	**261**
出国税	263
デザイン	**124**
デフォルト	19
デフォルト宣言	239
電子商取引モデル法	51
テンダー・オファー	168
転貸人	278
天皇	**17**
添付書類	**236**
同意審決	135
動機	**220**
同義語重複	134
東京地方裁判所	68
東京ヒルトン事件	249
倒産	243
動産	128, 267
倒産手続	191
倒産法	190
投資家(者)保護	271
投資契約	271
当事者	**169**
道徳	**40**
投票	**13**
答弁(書)	**83, 85**
独占禁止法	264, 273
特定融資枠契約(に関する法律)	211
特定履行	75
独立	**155**
独立行政委員会	160
独立取締役	157
独立役員	159
図書館	**184**
土地使用権	8
土地所有権	164, 165
特許	**119**
特許権	8
特許法	119
特権	**25**
ドメイン名	8
トラスト	**152, 274**
取締役(会)	158
取引	**256**
度量衡	66
トレード	**257**

〔な行〕

見出し	ページ
内閣	**9**
内部統制	179

内部統制報告書	185
捺印証書	**206, 207**
ナポレオン法典	47
日米構造問題協議	237
日本国憲法	5
入札	201
入札方式	201
認可	134
認識	118
任命	21
年季契約	230
年金	185
農耕文化	164
納税義務	213
ノウハウ	**119**, 121, 135, 264
乗っ取り	168
ノルマン征服王朝	42, 74

〔は行〕

パートナー	142
買収防衛策	156
賠償責任	**83**, 213
賠償責任保険	214
陪審	**76**, 89, 161
陪審員	69, 76, 77, 103, 280
陪審員名簿	161
陪審裁判	69, 77
陪審審理	76
陪審制	77
売買	**201**, 259
歯型捺印証書	14, 207
はかり	65
破産	**191**

働きかけ	62
発信主義	117
パピルス紙	170
ハムラビ法典	16, 47
パリ条約	120
パワハラ	104-106
判決	73, 253
判決原本	224
判決書	224
版権	130
犯罪	**114**
反トラスト法	274
販売	**259**
販売店	133
販売店契約	8
判例法	43, 44, 77, 186, 249
PIGS	18
被害救済	100
被告	**81**
誹毀文書	108
ビジネスモデル特許	174, 175
秘匿特権付情報	27
避難所	**288**
誹謗文書	108
備忘録	223
秘密	**126**
秘密保持	**126**
秘密保持契約	126
百人法廷	69
評議	77
評決	103
表現の自由	205, 234
標章	208

表題	227	扶養	172
平型捺印証書	14	**プライバシー**	27, 132
歩合	220	フランス民法典	47
ファンド	143	**フランチャイズ（システム）**	**264**
不安の抗弁（権）	238	フランチャイズ契約	265
付加	233	フランチャイズ制	265
付加価値税	289	**ブランド**	**122**
賦課金	215	**不履行**	**238, 243**
不可抗力事由	110, 112	不良貸出先	278
不可抗力条項	110	不良債権	284
不可抗力免責	111, 112	不良債権処理	287
付加物	**236**	プリンシプルベース	23, 24
複製品	130	プロジェクト・ファイナンス	206
負債	215	プロモーター	245
婦人参政権	13	プロ野球	265
付随担保	236	分割履行契約	238
不正競争防止法	120	文官統制	29
不正行為	**222**	**文書館**	**184**
不誠実行為	254	文書管理	170
付属書類	231, 232	粉飾決算	184
付属品	**236**	文書提出命令	27
負担	280	**紛争**	**96**
普通選挙	13, 14	文民	29
普通法	43	分離条項	249
復興	**251**	平穏	39
物品	230, 267	併合	233
不動産	128, 267	**平和**	**39**
不動産の証券化・流動化	286	**返却・還付**	**102**
不動産の取戻訴訟	99	**弁護士**	**78, 80, 165**
浮動担保	280	弁済	97
不平等条約	120	弁済の提供	201
不便な法廷地の原則	69	変造	170
不法行為	**104, 106, 214**	ベンチャー	141

ポイズンピル・プラン	26	ホールド・ハームレス条項	98, 285
法案	48	**保管**	275
貿易実務	268	保険業法	189
貿易障壁	237	保険証券	15, 16, 229
妨害	237	**補充**	231
法科大学院	185	**保証**	270, 283
法規	228	保証状	118
放棄	240	補助者	101
傍系親族	236	ボストン茶会事件	171
封建制度	164	発起人	245
法三章	24	ホワイトナイト	156
報酬	164, 165	**翻案**	226
法人	144	本籍	147
法人格	168	**本人**	23
法人実在説	142	**翻訳**	226

〔ま行〕

マーチャントバンク	230
マグナカルタ	4
復(副)代理人	278
見出し	227
身元信用保険	254
民事再生	192
民事再生法	99, 192
民事訴訟	71, 74, 82
民事訴訟規則	107
民事訴訟法	70
民事調停法	95
民法	128, 212, 222
民法(債権法)改正検討委員会	199
民法・債権法改正	269
無過失責任法理	214
無担保裏書	286

法制審議会	34
法曹(界)	78, 237
法曹一元制	79
法曹資格	186
法治主義	43
傍聴席	78
法廷助言者	82
法廷弁護士	80
法典	47
法の極みは悪の極み	24
法の支配	43
法務省	61
法律	41, 45
法律意見書	223
法律事務所	142
法律文書	270
法令	31, 47
ホールディング・カンパニー	176

明治憲法	12, 120
明認方法	227
明白かつ現在の危険	205
明文化	**228**
名誉毀損	108
命令	**41**
メジャー・リーグ	64
メディエーション法	95
メモ	223
申入れ	199
申込み	**198**
持株会社	152, 175
模倣	**130**
モラル・ハザード	40
モラルハラスメント	106

〔や行〕

約束	**209**
約定	**211**
遺言	**219**
誘引	**220**
有価証券	286
有価証券報告書	185
有限責任原則	143
有限責任事業組合	143
有限責任事業組合契約に関する法律	143
融資	**269**
融資枠	273
融通	**247**
融通手形	247
有体動産	267
優良の	**277**
ユーロ市場	230

輸出規制	110
ユスティニアヌス法典	47
容疑	**87**
要式契約	16
傭船契約	3, 4, 169, 170
要物契約	212, 269
要物性	269
預金	**275**
予備的合意書	118, 227

〔ら行〕

ライセンス契約	8, 135
ライフプラン	26
濫用	113
リーマンショック	153
利益相反	**131, 155**
利益相反管理	23
利益相反行為	157
利害関係	**148, 152**
利害関係者	132
利害関係人	148
利権	**152, 154**
履行	**218**
リコール	102
リスク管理	189
利息制限法	212
立憲君主制	6
立証責任	84
立法府	46, 48
略式起訴	116
流通証券	270
流用	**113**
領域	**8**

| 料金································· **164**
| 領地································· 8
| 領土································· 8
| 令状······························ 70,263
| **劣位の**······························ **277**
| 劣後契約······························278
| **連合国家**···························· **6,7**
| **連邦**································· **6**
| 連邦議会····························· 7,69
| 連邦国家······························ 5
| 連邦最高裁判所························175
| 連邦巡回区控訴裁判所··················175
| 連邦準備理事会························160
| 連邦証券取引委員会····················270
| 連邦証券法制··························271
| 連邦地方裁判所························175
| 連邦倒産法····························191

連邦取引委員会······················135,161
労働争議······························ 96
ロースクール··························185
ローマ法··················24,42,43,212,236
ローマ法大全·························· 48
ローン·······························269
ローンアグリーメント··················239
六法全書··························· 47,225

〔わ行〕

ワールド・ベースボール・クラシック
································· 64
和解····························· **247,266**
分け前································ **148**
割り当て量····························151
割増料金······························281

欧文索引
(太字は本文での見出し語を表します)

〔A〕

abandon	240
abuse	**113**
acceleration	**245**
acceleration clause	245
acceptance	198
access	**62, 236**
accessory	**236**
accident	**109**
accommodation	**247**
accommodation bill	247
accord	**266**
accord and satisfaction	266
accountability	213
accounting firm	146
acknowledge	117
acknowledgement	**118**
acquisition	**168**
act	**45, 53**
act and deed	207
act of government	112
Act of Settlement	266
action	**45, 74**
actual notice	117
addendum	**231, 232**
additional fee	282
additional payment	282
address	**147**
adjustment	**247**
administration	**9**
ADR	64, 94, 96, 182
adventure	141
adversary proceeding	89
agent	**133, 166**
agent for service process	70
Agent Orange	166
agree	203
agreement	**203**
aid	101
amendment	**234**
annex	**236**
answer	**83**
Anticipatory breach	238
anti-monopoly law	32
Anti-trust laws	273
appeal	**89**
appellant	81
appointer	21
appointment	**21**
approach	**62**
appropriation	**113**
approval	**134**
approve	134
arbitrage	94
arbitrate	94

308

arbitration	94	Bank of England	24
archive	184	banking interest	154
article	230	**bankruptcy**	**191**
articled clerk	230	**bar**	**68, 78, 237**
articles of incorporation	223	barrier	237
assent and consent	134	**barrister**	**79, 80, 186**
assign	249	basic sales agreement	201
assignment clause	249	BCP	251
assistance	101	**belief**	**254**
assistant	101	**bid**	**201**
associate	142	bill of rights	234
association	**142, 145**	bind	213
attach	233	bleaching agent	166
attachment	233	**board**	**160**
attack	233	board of directors	158, 160
attendance	217	board of education	160
attorney	**78**	boiler room	248
attorney general	78	**boilerplate**	**248**
attorney's fee	165	boilerplate clause	249
attorney-client privilege	27	bond	223
attorney-at-law	79	book	185
auction	**259**	borrower	206
audience	183	boss	163
audio	183	bottom	143
auditor	244	boundaries	53
auditorium	244	**brand**	**122**
award	**88, 94**	**breach**	**238**
awareness	**118**	building within	141
		burden of proof	84
〔B〕		**business**	**140, 256**
bad faith	254	buyer	260
balance	**65**		
bank	230		

309

[C]

cabin	10
cabinet	**9**
Cabinet	10
CAFC	175
calm	39
cancellation	253
capital	267
Capitol	11
card	3
carpenter's rule	49
carry	280
case law	77, 186
casting vote	13
cattle	267
center	**174**
CEO	159, 162
Chapter 11	191
Chapter 7	191
character	**124**
charge	**280, 281**
chart	3, 170
charter	**3, 145**
charter party	4, 169
charterer	170
chattel	267
check	**179**
chemical agent	166
Chief Executive	162
Chief Justice	60
child abuse	113
chop	**208**
CIA	115
CISG	198, 238, 239
citizen	**28**
citizenship	29
civil	30, 114
civil code	47
civil procedure law	70
Civil Rehabilitation Law	99
Civil Rights Act	29
civilian	29
civilian control	29
civilization	30
claim	**72**
claimant	72, 81
claimer	72
class	**63**
class action	63
classic	**63**
clause	**229**
clear and present danger	205
client	210
close	**229, 252**
closing	**252, 276**
code	**47**
code of conduct	67
Code of Hammurabi	47
Code of Napoleon	47
collateral	**236**
collectibility	284
collectibility clause	284
collection	**284**
collection agency	284
comfort	**172**

comit	160
commercial code	47
commercial paper	270
commission	**160**
commit	211
commitment	**211**
committee	**160**
common law	42
compact	**52**
compact car	52
Compact Clause	52
company	**144**
company law	144
compete	32
competition	**32**
complaint	71
complaint and summons	70
compliance	**31**
comply	31
concern	**152, 154**
conciliate	94
conciliation	**94**
conclude	252
conclusion	**252**
confidence	**126**
confidential	126
confidentiality agreement	126
conflict	**155**
conflict check	155
conflict of interest	155
conflict of law rule	155
congress	11
Congress	11, 46
connect	233
consensus	135
consent	**134**
consent decree	135
consideration	203
constitution	**3**
Constitution	52
constructive notice	117
consume	34
consumer	**34**
consumption tax	289
contact	289
continue	251
continuity	251
contract	**203**
Convention	**198**
convention	52
convertible note	223
copy	**130**
Copyright Law	130
copyrighted works	130
corporate auditor	183
corporate group	169
corporation	**142, 144**
Corporation Act	144
corporation law	144
corpus	48
costume	290
councilor	11
country	**2**
course	257
court	**68**
Court	68

311

court of appeals	89, 90
court of equity	100
court of record	186
courtyard	68
covenant	**206**
Covenant	206
covenant clause	206
CPA	173
credit	**272**
credit card	272
credit line	272
creed	272
crime	**114**
criminal	114
criminal code	47, 114
criteria	67
crop	169
CSR	148
cure	**99**
custody	**275**
custom	35
customer	**34**
customs	290
customs duty	215

〔D〕

D&O	158
damage	98
damages	98
data	**127, 187**
date	127
deal	**256**
debenture	223
debt	92
deceive	243
decree	**41, 44**
deed	**206**
deed poll	207
default	210, **238**, 239, 241
defendant	**72, 81**
defense	114
Delaware General Corporation Law	144
delay	**244**
delegation	167
demand	**72**
demand guarantee	72
demand letter	72
demise (or bareboat) charter	4
Department of Justice	61
Department of Treasury	129
deposit	**275**
depository	275
DER	207
design	**124**
design law	125
designation	**21**
diet	**11**
diligence	141
diplomatic privilege	27
direct	157
direct (indirect) tax	289
director	158
disappoint	243
disclose	86
disclosure	**86**
disclosures	45

312

discover ·· 86
discovery ··· 86
dispatch ··· 255
dispute ·· 96
dissolution ····································· 191
dissolve ··· 191
distribute ······································ 259
distribution ···································· 259
distributor ······································ 259
district court ··································· 90
document ······································ 186
DOJ ·· 274
domain ··· 8
dome ··· 147
domicile ·· 147
domicile of choice ·························· 147
donation ·· 205
doubt ·· 87
drive ··· 245
DSCR ·· 207
due ··· 215
due and payable ···························· 215
duplicate ······································· 225
duty ······································· 215, 290

[E]

ecoactivist ······································· 37
ecocatastrophe ······························· 37
ecoclimate ······································ 37
ecodoom ·· 37
ecogeographic ································ 37
ecology ··· 37
eco-products ·································· 38

emergency exit ······························ 263
emperor ·· 17
end ··· 253
enemy ·· 82
enforceable by law ························ 203
engage ·· 209
engagement ································· 209
engagement letter ·························· 210
enterprise ····································· 140
entire agreement clause ················· 249
entity ·· 142
environment ··································· 37
environmental assessment ················ 38
environmental law ··························· 38
Environmental Protection Agency ······· 38
epidemic ······································· 110
equity ····································· 65, 274
error ··· 243
escalator ··· 65
escape ·· 288
escrow ···································· 275, 276
escrow agent ································· 275
estoppel ·· 240
EU ··· 175, 181
event ·· 109
events of default ···························· 109
evidence ··································· 84, 89
exaction ·· 282
excellent ······································· 279
excise duty ···································· 215
execution ······································ 253
executive ······································ 162
executive committee ······················ 161

313

exit	261
exit permit	263
exit tax	263
exit visa	263
express	255
express or implied warranty	255

[F]

fact finder	77
fact finding	76
factory	177
fail	239
failure	243
Fair Trade Commission	161
fairness	60
faith	254
fault	239, 243
Federal Bankruptcy Code	191
fee	164
fee simple	164
fellow godparent	107
fidelity	254
fidelity insurance	254
Fifth Amendment	27
filing	71
finder	76
firm	144
First Amendment	234
floating charge	280
floating vote	13
folk	28
force	22
Force Majeure Clause	110

force majeure event	110
Foreign Sovereign Immunities Act of 1976	20
formal contract	207
forum	68
forum shopping	69
Fourteenth Amendment	234
franchise	264
franchisee	264
franchisor	264
frank	264
FRB	160
free ride	125
free trade	257
FTC	135, 161
fulfill	218
fulfillment	218

[G]

gage	209
gift	204
global	50
globalization	51
globe	51
God	254
Gods	25
good faith	254
goods	267
goods and chattels	267
gossip	107
governance	30
governing law clause	249
government	9, 28, 184

governor	9, 33
grand jury	116, 205
grateful	203
Great Charter	4
group	**169**
guarantee	283
guarantor	283
guaranty	**283**
guest	36
guest of honor	36

〔H〕

habitat	37
happening	109
haras	104
harassment	**104**
hardship clause	110
harm	**98**
haven	**288**
head	**227**
health	190
healthy	190
heart	266
heavy industry	141
help	101
holder in due course	286
House of Commons	12
House of Councilors	11
House of Lords	12
House of Representatives	11, 167
hub	**174**
hub-and-spoke	174

〔I〕

ICC	73
impediment	**237**
implement	**218**
implied	255
impose	290
impost	**289**
incentive	**220**
incident	**109**
indemnify	98
indenture	3, 170, 207
independence	**155**
Independence Day	157
indictment	116
induce	221
inducement	**220**
information	**115**
injunctive relief	100
injury	**98**
insolvency	189
insolvency law	190
insolvent	189
inspector	183
installment contracts	238
instruct	193
instrument	**270**
intellectual property	128
intelligence	**115**
Intelligence	115
intelligence agent	115
intelligent	115
intent	**219**

interest	152
international	50
international airport	50
international marriage	50
international private law	155
international transaction	50
interpretation	226
interpreter	226
investors	45
invitation to make offers	199, 200
ISA	153
ISO	66, 148

〔J〕

joint	230
joint-stock company	145
judge	76, 94
judicial examination	89
judicial supremacy	43
jurisdiction	71
juror	76
jury	76, 280
jury system	77
jury trial	86
just	247
justice	60, 247

〔K〕

kill	255
king	17
know-how	119
knowledge	117

〔L〕

labor dispute	96
labor trouble(s)	96
last will and testament	219
latent defect	119
lateral	236
law	41, 53
Law	41
law and order	44
law firm	142, 146, 155, 223
law library	185
law of God	114
law school	185
lawful	41
lawmaking	41
laws of God	41
lawyer	78
lead	221
leader	163
lease	278
lease agreement	278
leave	244
legal	48
legal aid	101
legal entity	142
legal notice	117
legal representative	181
legal tender	201
legislation	41, 47, 48
legislature	48
leisure	256
lending	269

let	261
letter of comfort	173
letter of guaranty	173
letter of intent	219
letter of protest	91
letter of understanding	118
letters patent	119
lever	289
levy	**289**
liability	**213**
libel	**108**
library	**184**
liceity	135
license	**134**
licensee	276
licensor	276
liquidate	191
liquidation	**191**
litigation	**74**
LLP	143
loan	**269**
loan agreement	211, 212, 269
logo	**122**
Logos	122
LOI	253
Lord	60
Lower House	11
lump	174

〔M〕

M&A	156, 168, 173, 252, 284
management	163
manifesto	**15**
margin	188
marriage contract	203
material	**127**
material breach	127
material evidence	127
matter	127
Mayflower Compact	53
MBO	156
mediate	95
mediation	**94**
mediator	95
memorandum	**223**
memorandum decision	223
memorandum of association	223
memorandum of understanding	118
memory	223
merchandise	**230, 267**
merchant	230, 267
merger	**168**
METI	258
might	**22**
mill	178
minister	80
Ministry of Finance	129
Ministry of Justice	61
Ministry of the Environment	38
misappropriation	113
mistake	**222**
misuse	**113**
mitigate	246
mitigating circumstances	246
mitigation	**246**
mitigation clause	246

317

MLB	242
modification	**234**
modify	234
monarch	**18**
money troubles	96
monit	179
monitor	**179**
moral	**40**
moral hazard	40
moral law	40
morale	**40**
moratorium	**244**
mort	209
motive	**220**
MOU	253
must	216

[N]

nation	**2**
negative covenant	207
negative pledge covenant	207
negotiable instrument	270
negotiation	**256**
nobles	28
non-recourse loan	286
note	**223**
notice	**117**
notice clause	117
NPO	149
nuclear power plant	177

[O]

oath	**85**
object code	93
object language	93
objection	**91**
obligation	**215**
obligatory	217
observance	**31**
observation	31
observe	31
obstacle	**237**
obstruct	193
obstruction	237
OCC	182
offend	114
offense	**114**
offer	**198**
offeror	198
officer	158
official oath	85
ombudsman	**181**
on demand	72
opponent	**82**
order	**201**
order sheet	201
ordinance	53
Organization	2
origin	225
original	**224**
original version	226
outlet	**261**
outlet mall	262

outlet sale	261
owner	170

[P]

pandemic	110, 111
panel	161
panel of experts	161
paper	270
papers	187, 270
paragraph	229
parliament	11
Parliament	46
part	169
partition	169
partner	142
partnership	142
party	169
patent	119
Patent Law	119
path	257
patron	125
pattern	124
payment in full	92
PDCA	66
peace	39
people	2, 28
perform	218
performance	218
personal injury	98
personal property	128, 267
petition	32
petty jury	116
PL	214
plaint	81
plaintiff	64, 81
plant	177
pledge	209, 211
police	16
policy	15
polis	15
political entity	142
political party	171
polity	16
poll	13
popular election	14
power	22, 104
power harassment	104
power of attorney	22
precedent	186
preemptive rights	26
prescribe	228
prescription	228
present	204
presentation	205
presentment	204
presents	204
president	162
price	216
prime	277
prime loan	277
prime rate	277
prince	23
principal	23
principle	23
prise	281
privacy	27, 132

319

private	27, 132
privilege	**25**
privilege against self-incrimination	27
privileged communication	27
privity	**132**
privy	132
prize	88, 281
procedure	**70**
proceeding	**70**
process	**70, 263**
process agent	70
product	**267**
product liability	268
Products	231
profession	210
promise	**206, 209**
promissory note	210, 223
promote	245
promoter	245
promotion	**245**
proof	**84**
proper	128
property	**113, 128**
proposal	**198**
propose	200
protest	**91**
prove	84
provided that	228
provision	**228**
proxy	167
public office	184
purchaser	260

〔Q〕

quarantine	**110, 111**
question	168
quiet	**39**
quiet title action	39

〔R〕

race	**2, 32, 33**
rank	63
real property	128, 267
recall	**102**
record	**186**
recorder	186
recording	33
recourse	**284**
recourse loan	287
recover	99
recovery	**99**
red tape	**248**
redress	**100**
regular	49
regulation	**49**
rehabilitate	192
rehabilitation	**192**
Rehabilitation Law	192
reimburse	287
relaxation	**246**
release	**246**
relief	**100**
relieve	100
remedy	**100**
remember	186

remuneration	164
remunerator	165
reorganization	192
Reorganization Law	192
reorganize	192
reply	83
representative	133, 166
representatives	11
republic	6
Republican	6
republican	6
rescindment	253
resolution	97
respond	83, 213
response	83
responsibility	83, 213
restructure	193
restructuring	193
retail outlet	261
return	102
review	179
revised version	235
revision	234
revival	251
right	25
right and wrong	106
right of termination	109
rival	82
river	82
root	225
Royal Standard	66
rule	49
rule of law	43
ruler	49
rules and regulations	49
ruling	49

[S]

sale	259
Sale of Goods	198
Sarbanes-Oxley Act of 2002	45
scale	65
scandal	107, 108
scandalous matter	107
scout	257
scouting	257
scroll	275
seal	207, 208
sealed contract	206-208
SEC	161, 270
secrecy	126
secrecy agreement	126
secret	126
secret treaty	55
Secretary of State	21
section	229
section mark	229
secure	270
securities	270
securities laws	45
securitization	271
sell	259
seller	260
Senate	11, 167
settlement	266
seven deadly sins	114

321

severability clause	249
sexual harassment	104
shadow cabinet	10
share	**148**
shareholder	151
sharp point	176
shelter	**288**
shield	288
sign	208
signing	253
Silk Road	257
similar	130
simulate	130
simulation	**130**
simulator	130
sin	**114**
slander	**108**
slander of title (or goods)	108
solicitor	79, **80**, 186
solution	97
solve	97
solvency	**188**
solvency margin	188
sound banking	190
soundness	**188**
sovereign	**18**
SOX	185
spherical body	51
SRI	149
stake	**148**
stakeholder engagement	148
stamp	**208**
stamp duty	208
stamped contract	208
standard	66
state	**2**
State Immunity Act, 1978	20
statue	46
Statue of Liberty	4
statute	33, **45**
Statute of Monopolies	121
statutory auditor	183
step	208
stereotype	250
stick	148
stipulation	**228**
stock corporation	145
stock purchase	284
stockholder	151
strength	22
strict liability	214
Structural Impediments Initiative (SII)	237
structure	193
sublease	278
sublessee	278
sublessor	278
sublicense	278
submission	**71**
subordination agreement	278
subprime	**277**
subsidiary	172
subsidy	**172**
suit	**74**
supplement	**231**, 232
supply	231

supply and demand	231
support	172
support letter	172
Supreme Court of Judicature Act, 1873	79
Supreme Intelligence	115
surcharge	**280**
surface	281
survey	183
surveyor	**181**
survival	**251**
survival clause	251
survive	251
suspicion	**87**
swear	76, 83, 85
swearing	**85**

[T]

takeover	**168**
tax	213, **289**
tax haven	288
tax haven corporation	288
tax return	102
tax shelter	288
tax treaty	54
tender	**201**
tender offer	202
termination	**252, 253**
terrace	8
territory	**8**
testimony	**84**
text	**224**
textbook	224
the inhabitants	14
Themis	61
time charter	4
title	39, 108, **227**
title holder	227
titular	227
TOB	156, 168, 202
tort	**104**
trade	**257**
trade association	258
trade jargon	258
trade union	258
trademark	**122**
Trademark Law	122
trademark marking	122
traffic regulations	49
transaction	256
translate	226
translation	**226**
transnational	**50**
transnational transaction	50
treasury	**128**
Treasury	129
treasury bond	129
treasury certificate	129
treaty	**52**
trial	76, **89**
trial court	90
trouble	**96**
trust	**272, 274**

〔U〕

under protest ································ 91
understanding ······························ 118
underwriting ································ 230
UNICEF ·· 2
Uniform Mediation Act ···················· 95
union ·· **6**
Union ·· 6
Union Flag ····································· 7
Union Jack ····································· 7
union shop ··································· 178
United Nations ································ 2
URCG ·· 73
usurpation ··································· 113

〔V〕

value added tax ····························· 289
VAT ·· 289
vender ·· 260
vending machine ··························· 260
venture ······································ **140**
venue ·· **68**
verdict ·· 103
version ······································· **226**

view ·· 180
visa ·· 263
visitor ·· 36
vivid ··· 251
voluntary ····································· 159
vote ·· **13**
voyage (or trip) charter ····················· 4

〔W〕

wager of battle ······························ 81
waive ·· 240
waiver ······································· **240**
warant ·· 283
warranty ···································· **283**
WBC ·· 64
weights and measures ····················· 66
will ·· **219**
without recourse ···························· 286
wonder ·· **87**
work ··· 177
workshop ···································· **177**
wound ·· 98
writ ·· 263
writing tablet ································ 47
wrong ································· **106, 222**

●著者紹介

長谷川俊明（はせがわ・としあき）

1973年早稲田大学法学部卒業。1977年弁護士登録。1978年米国ワシントン大学法学修士課程修了（比較法学）。現在，渉外弁護士として，企業法務とともに国際金融取引や国際訴訟を扱う。国土交通省航空局総合評価委員会委員，元法務省司法試験考査委員（商法），長谷川俊明法律事務所代表。

主な著書に，『リスクマネジメントの法律知識　第2版』（日本経済新聞出版社），『国際ビジネス判例集（知財編）』『法律英語の用法・用語』『新・法律英語のカギ―契約・文書』『法律英語と会社』『法律英語と紛争処理』『法律英語と金融』（以上，レクシスネクシス・ジャパン），『グループ経営の内部統制―会社法・日本版SOX法に完全対応』『新会社法が求める内部統制とその開示』『海外事業の監査役監査』（中央経済社），『はじめての英文契約書起案・作成完全マニュアル』『電子商取引の法的ルールと紛争予防完全対応策』（以上，日本法令），『英文契約100 Q&A』（商事法務），『「聞きたい」「知りたい」　実践新会社法対策Q&A―経営者が押さえておきたい必須ポイント』『敵対的企業買収への対応Q&A』『実践個人情報保護対策Q&A』（以上，経済法令研究会），『ローダス21最新法律英語辞典』（東京堂出版）など。

―― **LAWDAS** ――

■LAWDASは，LAW Data Acquisition Systemを意味し，大文字の部分をとった造語です。

LAWDAS 21 語源に学ぶ国際弁護士のための
法律英語の使い分け辞典

2011年6月25日　初版印刷	
2011年7月10日　初版発行	
著　者	長谷川俊明（はせがわ・としあき）
発行者	松林孝至
発行所	株式会社東京堂出版
	〒101-0051 東京都千代田区神田神保町1-17
	電話 03-3233-3741　振替 00130-7-270
印刷製本	亜細亜印刷株式会社

ISBN978-4-490-10803-3　C3532
© Toshiaki Hasegawa, 2011 Printed in Japan